保育園・幼稚園ですぐ使える
保護者と心が通じる！
連絡帳の書き方ポイント&文例集

谷川 裕稔 著

明治図書

はじめに

　連絡帳を書くことの苦手意識を少しでも軽減できれば，という想いから本書は企画されました。

　連絡帳は，保育者から保護者への事務連絡のみならず，両者が子どもの成長について情報を交換する媒体でもあります。そのやりとりのなかで，

　①保育者と保護者が情報を共有し連携をとりながら保育をおこなう
　②保育者が保護者の養育力の向上・改善をサポートする

という，まさに保育者の専門性が試される作業でもあります。

　平成29年度告示（平成30年度適用）の「保育所保育指針」では，新しく「乳児保育に関わるねらい及び内容」「１歳以上３歳未満児の保育に関わるねらい及び内容」という項目が追加されました。第４章の「子育て支援」では，子どもの日々の様子の伝達や収集を通して保護者との相互理解を努めることが，これまで以上に期待されることになりました。

　乳児の育ちおよび保護者との相互理解を深めるためのツールとして，連絡帳の役割がますます重要になっていくことは間違いありません。

　本書の特長は以下のとおりです。

①見開き２ページ１テーマとコンパクトにまとめられている
②０～６歳対象のため保育園・幼稚園・認定こども園ですぐに使える
③テーマ別・年齢別で知りたい内容のポイント・文例が簡単に見つかる

　最後に，出版にあたり明治図書出版の中野真実様には格別のご配慮をいただきました。記して厚くお礼を申し上げます。

2018年12月末日

谷川　裕稔

●も●く●じ●

はじめに ……………………………………………………………………… 2

連絡帳の書き方　基礎基本

- "連絡帳"の役割とは？？ …………………………………………… 6
- よい連絡帳と悪い連絡帳例 …………………………………………… 8
- 保護者と心が通じる連絡帳にするためには ………………………… 12

保護者と心が通じる！　連絡帳の書き方ポイント＆文例集

テーマ別　保護者のお悩み相談

食事・排泄の悩み

- ・ミルクへの切り替えがなかなかできません（0歳）………………… 16
- ・好き嫌いに困っています（1～6歳）………………………………… 18
- ・食物アレルギーを治す方法はないのでしょうか（0～6歳）……… 20
- ・ごはんをいつもこぼします（4～6歳）……………………………… 22
- ・トイレがうまくできません（2・3歳）……………………………… 24
- ・●歳にもなっておねしょが治りません（4～6歳）………………… 26

健康・安全の悩み

- ・手洗いうがいが習慣づきません（1～6歳）………………………… 28
- ・最近，すぐに風邪をひきます（0～3歳）…………………………… 30
- ・薬を嫌がり飲んでくれません（2～6歳）…………………………… 32
- ・落ち着きがあまりにもないのですが（3～6歳）…………………… 34
- ・体重の増加が気になるのですが（3～6歳）………………………… 36

人間関係の悩み

- 入園してから言葉遣いが悪くなってきています（2〜6歳）……… 38
- 保育園に行きたくないと言います（1〜6歳）……………………… 40
- 友達とケンカをしてしまったようです（2〜6歳）………………… 42
- △△ちゃんとは同じクラスにしないでください（0〜6歳）……… 44
- お友達と仲よくできているのか心配です（2〜6歳）……………… 46

言葉・表現・態度の悩み

- なかなか言葉がでてきません（1〜3歳）…………………………… 48
- 最近よく嘘をつきます（2〜6歳）…………………………………… 50
- もうすぐ小学生ですが，なんだかとても頼りないです（5・6歳）…… 52
- ひとつのことに集中しすぎるのですが（1〜6歳）………………… 54
- 噛みついたりたたいたりよくするのですが（3〜6歳）…………… 56

園に対する悩み

- 行事になかなか参加できません（0〜6歳）………………………… 58
- ○○ちゃんママといつも気まずいです（0〜6歳）………………… 60
- 園の保育方針が納得できません（0〜6歳）………………………… 62

家庭での悩み

- 親に保育園であったことを話してくれません（3〜6歳）………… 64
- よく夫（妻）と育児の方針で揉めます（1〜6歳）………………… 66
- 妹ができてからお兄ちゃんが赤ちゃん返りをしています（2〜6歳）
  ……………………………………………………………………………… 68
- 最近親の言うことを聞いてくれません（2〜6歳）………………… 70

年齢別　園での生活

0歳
- 室内遊びの様子 …… 72
- 屋外遊びの様子 …… 74
- 行事の様子 …… 76
- 給食・お昼寝の様子 …… 78
- 保育者との関わり方の様子 …… 80

1歳
- 室内遊びの様子 …… 82
- 屋外遊びの様子 …… 84
- 行事の様子 …… 86
- 給食・お昼寝の様子 …… 88
- 友達との関わり方の様子 …… 90

2歳
- 室内遊びの様子 …… 92
- 屋外遊びの様子 …… 94
- 行事の様子 …… 96
- 給食・お昼寝の様子 …… 98
- 友達との関わり方の様子 …… 100

3歳
- 室内遊びの様子 …… 102
- 屋外遊びの様子 …… 104
- 行事の様子 …… 106
- 給食・お昼寝の様子 …… 108
- 友達との関わり方の様子 …… 110

4歳
- 室内遊びの様子 …… 112
- 屋外遊びの様子 …… 114
- 行事の様子 …… 116
- 給食・お昼寝の様子 …… 118
- 友達との関わり方の様子 …… 120

5歳
- 室内遊びの様子 …… 122
- 屋外遊びの様子 …… 124
- 行事の様子 …… 126
- 給食の様子 …… 128
- 友達との関わり方の様子 …… 130

6歳
- 室内遊びの様子 …… 132
- 屋外遊びの様子 …… 134
- 行事の様子 …… 136
- 給食の様子 …… 138
- 友達との関わり方の様子 …… 140

引用・参考文献 …… 142

連絡帳の書き方　基礎基本

"連絡帳"の役割とは？？

連絡帳には，主に２つの役割があります。ひとつは，保育者と保護者が情報を共有し連携をとりながら保育をおこなう，ひとつは保育者が保護者の養育力の向上・改善をサポートする，それぞれの場（ツール）として，です。

何を書けばよいのか？？

　連絡帳は，保育者（保育施設）から保護者への事務連絡のみならず，両者が子どもの成長について情報を交換する媒体でもあります。

　連絡帳に記述する事柄は，主に①子どもの健康状態，②生活や遊びの様子，③持ち物や行事などの連絡，④保護者からの質問・相談への回答，などです。

　連絡帳の書式（フォーマット）は保育施設や年齢によって様々で，特に決まった形はありません。しかし，３歳未満児用と３歳以上児用とで分けられていることが多いようです。

［３歳未満児］

　食事や排便，睡眠時間などの健康状態・生活リズムを詳細に記録し，保護者に伝えることが主となります。保護者にも家庭での様子を記録してもらい，保育者と保護者は，それらの情報を共有します。

　０歳児の連絡帳は，１日の授乳と排便の時間帯や回数，睡眠の様子を記録することが多く，保育施設と家庭が育児を連続しておこなうことを手助けします。それは，24時間を通した情報が織り込まれることを意味します。１・２歳児は，徐々に離乳食に移行する時期でもあり，０歳児に比べ，食事内容や排便の有無，午睡など，全体的な健康状態・発育などを伝えることが主となります。

［３歳以上児］

　連絡帳として，市販のノートを使う場合が多いようです。３歳児から連絡帳がなくなる保育施設や必要なときだけ利用する施設もあります。内容です

が，3歳未満児と異なり，園での子どもの様子や成長を伝えるエピソード，持ち物や行事などの連絡を記述することが多くなります。

　例えば，3歳児～5歳児の場合，子どもの意思表示がしっかりとあらわれてきます。ですので，食事内容や排便の有無についての記載は比較的少なくなり，家庭や保育施設内における生活場面での姿（子どもの遊ぶ様子，子育て，子どもの友達関係などの悩み）を記すことが主となります。

望ましい連絡帳の書き方

　まず，書く際の前提として，簡潔な文章を書くことを心がけましょう。「簡潔な文章」とは，「自分の言いたいことが読み手に誤解なく伝わる文章」を指します。難しい表現をする必要はありません。ただ，常に読み手（保護者）を意識して書くことが求められます。その「簡潔さ」（読み手への配慮）のための文法作法（基本的な約束事）を知っておくことは重要です。特には，①一文を短くする，②主語と述語を意識する，ことだけで，文章がみちがえるほど簡潔になります。加えて，③書くことに慣れる，④たくさんの本を読む，⑤書いたものを何回も読み直して推敲する，⑥他人に読んでもらって添削してもらう，などの努力によって文章はよりいっそう上達します。

　ところで，望ましい連絡帳を書くための基本ですが，①よいこと（楽しいエピソード）から書きはじめる，②他児と比べるような記述はしない，③保護者を責めるなどの批判的なことは書かない，④子どもの成長の喜びを書く，⑤保育者の主観（保育者が感じたこと）を事実のように断定的に述べるのではなく，事実は分けて記す，⑥保護者の相談や質問には必ず答える，などです。

　いろいろと書きたいことがあっても，内容を取捨選択し，優先順位をつけましょう。園でのトラブルがあったときは，他児の実名をあげることは控えます。施設内外での事故やけがは，まずは口頭で保護者に伝えることが肝要です。もちろん，連絡帳にもその事実を記します（記録としての連絡帳の役割）。

よい連絡帳と悪い連絡帳例

「連絡帳の役割」のところで「望ましい連絡帳の書き方」について少し触れました。ここでは，その内容を掘り下げてみたいと思います。なお，「よい連絡帳」「悪い連絡帳」の違いは，各項目の「例」で示していきます。

連絡帳を書く上での基本的な約束事

「基本的な約束事」とは，読み手への配慮を前提とした文章作法を指します。具体的には，文章の簡潔さが重要なポイントとなります。となると，名文やきどった文章を書く必要はまったくありません。重要なことは，「伝えたい情報を読み手に分かりやすく書く」ことにつきます。

では，簡潔な文章，つまりは相手に伝わりやすい文章を書くためにはどのような約束事を守ればよいのでしょうか。意識しなければならないポイントを説明していきます。

(1) 一文を短くする

簡潔にポイントを伝えるためには，文章を短くするのが一番効果的です。どのような効果が期待されるかというと，一文が長い文に比べ，意味を理解しやすくなるということです。というのも，主語と述語がそれぞれひとつずつになる可能性が高いことから，意味をつかみやすくなるからです。いずれにしても，一文がだらだらと長くなったと感じたら，2つか3つの文に分けましょう。

好ましくない例

私が保育現場での職場体験で学びたいことは，保育園の先生方がどのように子どもたちに接しているのかなどで，「子どもとの遊び方」は高校家庭科の保育の授業で学びましたが，勉強したことと実際の関わりとでは異なるということを園長先生に教えてもらいました。

🔖 好ましい例

　私が保育現場での職場体験で学びたいことは，保育園の先生方がどのように子どもたちに接しているのかについてです。／「子どもとの遊び方」は高校の家庭科の授業で学びました。／しかし，勉強したことと実際の関わりとでは異なるということを園長先生に教えてもらいました。

📖 解説

　　文章を３つに分けることにより，読みやすさと，主語と述語の不一致（ねじれ）が解消されました。

（２）出来事や報告は『5W1H』で伝える

　連絡帳は，子どものけがや病気，行事などを保護者に伝えるとき，情報は正確でなくてはなりません。正確に伝えるには「いつ」「どこで」「だれが」「なぜ」「どうやって」という観点が必要となります。その際，5W1Hが役に立ちます。

🔖 好ましくない例

　午睡のあと，遊んでいてお友達に腕を噛まれたようなので，すぐに消毒をしました。

🔖 好ましい例

　午睡のあと，15時前頃，お友達と２人で保育室で遊んでいて，そのお友
　　　　　　　(When)　　(Who)　　　(Where)　　　　　　①
達に軽く腕を噛まれました。すぐに消毒をしました。他にけがをしていると
　②　③(Why)　　　　　　(How)　　　　　　　　④
ころはありません。消毒のあと，そのお友達と仲よく遊びはじめました。

📖 解説

　　「好ましい例」では，より詳細にけがをしたときの様子を記しています。①は子どもの特定（子どもの名前を書くのは好ましくないので，「その」という指示語を用いて特定している），②はけがの程度を想起させる効果があります。③は事実を断定しています（「〜のようです」という表現は推測にすぎない。事実をしっかりと伝える

べき),④では,その後の子どもの様子,保育者がおこなった対応が記されています。
このような配慮(事実にもとづく丁寧な記載)が,保護者との信頼関係が生まれるきっかけとなります。

(3) 言いたいことを簡潔に書く

簡潔な文章を書くために,一文を短くする以外に「論理的な文章にする」方法があります。論理的な文章とは,自分の主張に理由と根拠が織り込まれた文章を指します。保育現場に引きつけると,関わりの根拠を明示し具体的に説明する,ということになります。

好ましくない例

子どもへの関わり方が十分ではなかったために,子どもに不安を抱かせてしまったという過去がありました。そこで,子どもが安心できる保育環境を構成したいと考えるようになりました。

好ましい例

子どもが安心できる保育環境を構成したいと考えるようになりました(主張・結論)。というのも,安心できる環境こそが子どもの精神的な安定につながると考えるからです(理由)。実は,子どもへの関わり方が十分ではなかったために,子どもに不安を抱かせてしまったという過去がありました(根拠)。

解説

「結論から書いて次に説明する」形です。これは,論理的な文章の基本となります。「主張(+理由)」+「根拠」の形です。レポート(小論文)であれば,「序論」(主張)+「本論」(根拠)+「結論」となります。この場合の「結論」は「序論」の主張を繰り返すことにより序論の主張を強化する役割を果たします。

(4) あいまいな表現は避ける

あいまいな表現は,読み手にストレスを与えることになります。あいまいな文章を避けるためには,①読み手にとって1つの解釈しかできない文にす

る，②具体的な表現を心がける，などを意識することが重要となります。
　例えば，抽象的な表現ではなく具体的な数字であらわす，主語と述語はできるだけ近くに置く，具体的な描写を心がける，憶測（聞いた噂話）は入れない，などを心がければよいでしょう。

好ましくない例

　○○ちゃんは，朝のおやつの時間が終わったころ，熱がありそうでしたので熱を測ると予想通り熱が高かったです。他の先生から聞いた話では，登園したときから「コンコン」とせき込むことがあったようです。

好ましい例

　朝のおやつの時間が終わった10時ころ，熱を測ると○○ちゃんは38度ありました。

解説

　　まずは不要な修飾語（あるいは表現）「熱がありそうでしたので」「予想通り」を削除しました。主語を述語の近くに置きました。また「10時ころ」「38度」と具体的な数字に変えました。加えて，「人から聞いた話」は，削除しました。ただし，一人だけからではなく，複数人が「コンコン」とせき込む様子を目撃している場合は，「せきこんでいました」と事実を書けばよいでしょう。

好ましくない例

　園長のみなみ先生は楽しそうに泥だんごをつくっている子どもたちをみていた。

好ましい例

　園長のみなみ先生は，①楽しそうに，②泥だんごをつくっている子どもたちをみていた。

解説

　　この例文のままですと2つの解釈が可能となります。楽しそうなのは「子どもか」（①の下線）あるいは「園長か」（②の下線）です。どちらなのかを意識して読点を打つ必要があります。

保護者と心が通じる連絡帳にするためには

連絡帳は，保護者と保育者の関係性を構築するための最高のツールのひとつです。保護者との関係を良好にするとは，「両者の関係が安定する」を意味します。そのことが，子どもの育ちによい影響をあたえるのです。

　まずは，保護者と心が通じる連絡帳にすることが重要でしょう。この場合の「心が通じる」とは，「保護者と保育者が互いをリスペクトする（ここでは「お互いの立場を理解・配慮」し「深く信頼し合う関係」）」状態を指します。保護者からリスペクトされるには，保育者からその態度を示す必要があるでしょう。

　連絡帳を書く際，具体的には①保護者を不安（心配）にさせない，②（①のために）連絡帳の表現に留意する，などです。①②の基本は，「保護者の気持ちを思いやる（推察する）」ことです。そのためには，「保護者にとって不快と思われる表現は避ける」ことが重要となってきます。

　以下，①②の観点から，両者が「心を通じ合わす」ためのポイントを列挙します。

保護者を不安（心配）にさせない

　保護者の心配・不安を助（増）長しない（あおらない）ためには，細かい配慮が必要となってきます。つまり，保護者の立場・気持ちを思いやる（推察する）意識を常にもつことが，保育者に重要となってくるのです。

　具体例を以下にあげておきます。

保護者に責任があるような描写はやめる／保護者を無自覚に責めない／保護者をねぎらいはげます／保護者の考えを頭から否定しない／保護者のプライドを傷つけない／保護者を戒めるような言い方はしない／保護

者の指摘をする場合は慎重にする／保護者に説教をしない／心配する親心を理解する／事実でも保育者が伝える必要がないと判断した場合は記載しない（保護者の不安を必要以上にあおらない※）／否定的な情報をそのまま伝えない／成長を他の子と比べない／他の保護者の話を書かない／保護者を突き放すような印象を与えない

※保育者に非があることを伏せる，という意味ではない

連絡帳の表現に留意する

　保護者を不安・心配にさせない表現を心がけることを基本として，それ以外に記載上で注意しなければならないポイントをあげたいと思います。
　以下を意識するとよいでしょう。

保護者からの返答がない場合それに対して批判（強制）しない（連絡帳の内容に返答することは保護者の義務ではない※）／家庭の問題には踏み込まない／専門以外の判断はしない／正論をふりかざさない／「問題ない」などと容易に結論づけない／保護者からの要望への返答は感情を出さずに記載する／子どもが楽しんでいる様子を書く／個人名（子ども＆保護者）は書かない／他の子どもとの比較はしない／保育者は自分ひとりで判断しない（上司に確認する）／真っ向から保護者に反論しない／子どもの成長のよろこびを共感しあう／子どもに（何らかの）レッテルは貼らない／命令口調では書かない／保育者の具体的な対応を書く／子どものせいにしない／安易に障がいの可能性には触れない

※もちろん，連絡帳を書くことは保護者にとっても義務ではありません。

保護者と心が通じる！

連絡帳の書き方ポイント ＆ 文例集

テーマ別　保護者のお悩み相談

食事・排泄の悩み　　　0歳・1歳・2歳・3歳・4歳・5歳・6歳

ミルクへの切り替えがなかなかできません

「保育園のためミルクに切り替えたものの，うちの子全然飲んでくれない……」毎年必ず聞く悩みの1つです。

❓ 保護者からのお悩み相談

完全ミルクに移行しましたが，思いのほか難しくて困っています。哺乳瓶の吸入口の形状や原料を変えたりといろいろ試していますが，うまくいきません。

現在，母乳とミルクとの混合で育てていますが，おもいきって，ミルクだけにした方がよいでしょうか。

書き方ポイント

保護者の気持ちのここに注目！

追いつめられた気持ちになり，焦り，不安を感じているようです。もしかするとその不安は，保育園という共同生活に子どもを出したことも根底にあるのかもしれません。保育者としては，①保護者の心配や不安を受け止める，②ミルクへの切り替え方のいろいろな可能性を一緒に探していく，③園生活での育ちを丁寧に伝えていく，など，保護者の不安を少しでも軽くしていくことが求められます。

はなまるワード	NGワード
・焦らずにゆったりとした気持ちで切り替えを進めていきましょう。 ・○○ちゃんが少しでもミルクを飲むことができたら、「飲めたね」「えらいね」などを大げさにほめてあげてください。 ・今飲めなくても大丈夫。みんな徐々にミルクになれていきます。	・おうちで甘やかしているのではないですか？ ・ミルクを飲めないと保育園生活が続けられなくなりますよ。 ・長くおっぱいを飲ませていると、自立心のない子どもになったり、甘えんぼうになったりしますよ。
ミルクを飲まず、栄養が足りないのではと保護者は不安になっています。安心させる一言を添えてあげましょう。	甘やかしているのではないですか、自立心がなくなる、など保護者を責めるような言葉はNGです。

連絡帳はこう書いてみよう！

　ミルクへの切り替え、大変ですね。本当にお疲れ様です。くれぐれも無理なさらないように。
　○○ちゃんのミルクを飲む量は少しずつですが、増えてきています。「おいしかったねぇ」と聞くと「ア〜」と素敵な笑顔で応えてくれました。もちろん、お母さんのおっぱいも嬉しそうに飲んでいました。おなかがいっぱいになった後は、すやすやと寝ていました。
　焦らずにゆったりとした気持ちで切り替えを進めていきましょう。

食事・排泄の悩み　　0歳・1歳・2歳・3歳・4歳・5歳・6歳

好き嫌いに困っています

「●●が苦手で食べてくれません」。子どもの成長とともに，保護者からこのような悩みを打ち明けられることも多くなってきます。

❓ 保護者からのお悩み相談

2歳で，いやいや期を迎えたのか，好きなものしか食べなくなり，困っています。いろいろと料理方法や味付けの工夫はしているのですが，なかなか食べてもらえません。○○先生のお話では，保育園の給食でも嫌いなものは拒否するとのこと。

子どもの体調が心配です。イライラして，つい子どもを叱ってしまうときもあります。

書き方ポイント
保護者の気持ちのここに注目！

子どもに食べてもらおうと普段からいろいろと工夫をしているようですが，それがうまくいかないことから，かなりのストレスを感じているようです。そのことで感情的に叱るという行動に結びついています。また，つい叱ってしまう自分に嫌悪感も抱いているようです。まずは保護者の苦労の様子を理解してあげ，次に園での取り組みなどを伝えていくとよいでしょう。

- おうちでも味付けなど調理方法をうまく工夫されていますね。
- ときには肩の力をぬいて，リラックスして臨んでみてください。
- 好き嫌いがあるのは○○ちゃんだけじゃありませんよ。保育園と協力して少しでもいろんなものを食べられるように，取り組んでいきましょう。

おうちでの取り組みへの理解と併せて，園での取り組みについても触れましょう。

- もっと，味付けや調理方法を工夫する必要があるのではないですか？
- これだけ好き嫌いが多いと，成長に影響を与えますよ！
- 叱りすぎると，トラウマになってますます好き嫌いを改善できませんよ。

すでにおこなっていることに加えて工夫を求めるのは保護者にとってかなりのプレッシャーになります。

連絡帳はこう書いてみよう！

　お仕事でお忙しいなか，おうちでも味付けや調理方法をうまく工夫されているとお聞きしました。本当にお疲れ様です。保育園の給食のなかにも苦手なものもありますが，「一口ルール」ですと頑張って食べてくれますよ。「○○ちゃん，食べることができたね。すごいね」とほめると，本当に嬉しそうな笑顔を返してくれます。このルールで（まだ十分ではありませんが），栄養もバランスよく摂れつつあると思います。いずれにしても，気長に見守っていきましょう。
　くれぐれも焦らずに！

 食事・排泄の悩み　　0歳・1歳・2歳・3歳・4歳・5歳・6歳

食物アレルギーを治す方法はないのでしょうか

アレルギーを意識して生活していくのは，子どもにとって不自由なものです。できることなら，小さいうちに治してあげたいと思うのが親心です。

？ 保護者からのお悩み相談

入園前にも相談しましたように，専門医から食物アレルギーと診断されています。アトピー性皮膚炎をもっており，それが食物アレルギーの原因になっているとのことでした。
食生活にはとても気をつけています。
ただかかりつけの医師は，私どもが気になっている「経口免疫療法」に懐疑的です。可能性のある治療法を試して，治してあげたいのですが。

書き方ポイント
保護者の気持ちのここに注目！

　保護者にとってみれば，わらをもつかむ気持ちで「経口免疫療法」を試してみたいのでしょう。最近ではこれまで主流だった治療法から「経口免疫療法」が新たに注目をあびてきています。保育者は，保護者への医療分野の助言は慎重であるべきですが，どうしても新しい治療法を試してみたいのであれば，セカンドオピニオンを勧めてみるのもよいでしょう。

- 園も協力して○○ちゃんを守っていきますので，ご安心ください。
- ほかにも○○ちゃんと同じようなアレルギーをもっているお友達がいます。
- 園では，食物アレルギー対応食を実施しています。

園でのアレルギー対応やほかの子どもさんの例（実名はNG）を伝え，まずは保護者を安心させることを第一に考えましょう。

- ぜひ「経口免疫療法」を試すことをお勧めします。
- 試しに，ご家庭で少しずつ食物除去を試されたらいかがでしょうか。
- アトピー性皮膚炎も早く治ったらいいですね。

安易に医療分野の助言はしてはなりません。また，こうした相談に対しては曖昧に答えず，的確な返答をしましょう。

連絡帳はこう書いてみよう！

　アレルギーの原因になる食材に注意をしながら食事を準備なさるのは大変ですよね。本当にお疲れ様です。入園前にもお話しましたように，当園では，アレルギーをもったお友達が他にもいますので，4種類（卵，乳製品，ごまなどの種実類，そば）を除去した食物アレルギー対応給食を実施しています。降園後，給食の影響が思い当たる症状が出ましたら，ご連絡ください。また，「経口免疫療法」につきましては，セカンドオピニオンを試されたらいかがでしょうか。
　これからも一緒に頑張っていきましょう。

食事・排泄の悩み　　0歳・1歳・2歳・3歳・**4歳・5歳・6歳**

ごはんをいつもこぼします

離乳食を終えたにもかかわらず，このような状況が続くと，保護者に不安を抱かせます。主な原因として，①単純に不器用，②握力の弱さ，③集中力の欠如が考えられます。

？保護者からのお悩み相談

4歳になるのですが，ごはんの食べ方がひどくて困っています。本人はふざけてこぼしているというわけではなく，「こぼさずに食べるのがよいこと」とも理解しています。ただ，食事中，集中が続かないときがあります。そして，あまり器用でもありません。保育園でも，こぼさないように，担当の先生がいろいろと工夫をしてくださっているようですが……。

書き方ポイント
:保護者の気持ちのここに注目！:

　大半の保護者は「こぼさない」ように，療育用のお箸の使用，口まで運ぶ練習，口に入れる練習などいろいろと工夫をしています。この場合は，集中力のなさ，不器用さが主因のようです。保護者は，努力がなかなか報われないことと，この状況が改善されるのか否かへの不安が募っています。保育者と保護者は，幼稚園と家庭での様子を密に情報交換するなど，連携をしながら，協力して「食べ方」の改善を前向きに進めていくことを伝えましょう。

- 給食の時間でも，口まで運ぶ，口に入れる練習をしています。
- 今日の給食はあまりこぼさずに食べ終えましたよ。
- これからも○○ちゃんがこぼさずに食べることができるように一緒に練習していきましょう。

保護者の見ることのできない園での様子を伝え，子どもの成長を実感してもらいましょう。保護者に寄り添うような言葉選びを。

- きちんとご家庭でトレーニングをされていますか？
- 給食の時間でもよくこぼしています。
- ○○ちゃんは本当に集中力がないですね。

家庭でのしつけについて触れ，保護者に不快感を与えてはいけません。また，子どものマイナスな様子を伝えることも控えましょう。

連絡帳はこう書いてみよう！

　今日の給食は，あまりこぼさずに食べてくれましたよ。お話のとおり，口元までスプーンで持っていくことは，比較的簡単にできるのですが，口のなかに入れるときに少し集中力が切れるようですね。そのため，スプーンのなかのすべてのものを，口に入れることがむずかしいようです。ただ，ご家庭でのトレーニングの成果が出ているのか，少しずつですが，日々こぼす量も少なくなってきています。これからも情報を共有しながら，ひとりでこぼさず食事ができるように援助していきたいと思っています。

 食事・排泄の悩み　　0歳・1歳・**2歳**・**3歳**・4歳・5歳・6歳

トイレがうまくできません

　個人差はありますが，トイレトレーニングの開始時期は，2歳から2歳6カ月の間といわれています。3歳になってもトレーニングがうまくいかない場合もあります。

❓ 保護者からのお悩み相談

　入園に合わせて，2歳8カ月でトイレトレーニングをはじめたのですが，なかなかうまくいきません。家では補助便座とトレーニングパンツを使っています。

　入園から1ヵ月経ちましたが，園ではどのような様子でしょうか？　園でも「トイレトレーニング」をしていただけるのでしょうか。

書き方ポイント

保護者の気持ちのここに注目！

　保護者は幼稚園でうまくトイレができるかどうか心配しています。ポイントは，①この年齢になってもトイレでうまく用をたすことができないこと，②園でトイレトレーニングの援助をしてもらえるのかということ，への保護者の不安を軽くすることです。保育者としては，まずは保護者と協力して園でもトイレトレーニングを進めることができることを伝えるとよいでしょう。

- これからも協力してトレーニングをしていきましょう。
- もう少しで，ひとりでトイレに行くことができそうです。
- 焦らないで，あたたかく見守っていきましょう。

できないと決めつけるのではなく，子どもに寄り添って園でもトレーニングに協力することを伝えると保護者も安心するでしょう。

- この年齢でトイレトレーニングを終えていないのは問題ですね。
- もう少し厳しくトレーニングしたらいかがでしょうか。
- できるだけ援助するようにしますね。

同年齢の子ども同士を比較し，保護者にプレッシャーのかかる言葉や園の援助体制にも不信感を抱くような書き方は控えましょう。

食事・排泄　健康・安全　人間関係　言葉・表現・態度　園　家庭

連絡帳はこう書いてみよう！

　入園してから1カ月たち，園生活にもだいぶん慣れてきたようです。まだひとりでトイレに行って用を足すことは苦手なようですが，ご家庭と園とで協力しながらトイレトレーニングをおこなっていることで，その成果が少しずつ出てきていますよ。昨日は，トイレに「ひとりでいけるもん」って言っていました。やはり，お友達の影響が大きいみたいですね。お友達がトイレにひとりで行くのを目にすると自分もひとりで行きたいと思うようになるようです。もう少しするとひとりで行くことができそうですよ。

食事・排泄の悩み　　0歳・1歳・2歳・3歳・4歳・5歳・6歳

●歳にもなって おねしょが治りません

「おねしょ」と「夜尿症」の違いは，乳幼児期までか学童期以降かが目安となります。前者が「おねしょ」，後者が「夜尿症」です。

? 保護者からのお悩み相談

5歳になったのですが，週に2回は睡眠中におしっこをもらします。寝る前には大量の水分を摂らないように心がけています。本人自身は，おねしょをすることが苦痛なのか，夜中に目が覚めることがときどきあります。そのときは，トイレに行かせてみたりしています。専門医の診断をあおいだ方がよろしいでしょうか？

書き方ポイント
保護者の気持ちのここに注目！

保護者は，夜尿症を心配し，また，子どもが「おねしょが苦痛」と感じていることに対してかわいそうという気持ちがあります。園での午睡の様子を伝えることや，おねしょの原因を一緒に改善していくことを伝えます。ただ，おねしょの原因には内臓疾患の場合もあるので，専門医の相談を得ることも一つの手であることは伝えましょう。

- 園での午睡のときには，おねしょはしていません。
- 園では○○ちゃんにストレスがかからないように，これからも見守っていきますね。
- 一度，専門医にご相談されることも一つの手だと思います。

園での様子を伝え，園でも子どもを常に見守っていることを理解してもらいましょう。

- お友達はみんな，もうおねしょを卒業していますよ。
- 夜中に目が覚めるのは，子どもの行動としてはめずらしいです。病気かもしれません。
- 午睡のときにはおもらしせずに家でそうなるというのは，家庭になにか問題があるのではないでしょうか。

原因が家庭にあるのでは，など保護者を不快にさせる言葉は絶対に使用しないようにしましょう。

連絡帳はこう書いてみよう！

　○○ちゃん，おねしょで悩んでいたのですね。気がつかず申し訳ありません。自由遊びの時間では，お友達と積み木をしたりして，楽しく過ごしています。園生活でできるだけストレスがかからないように見守らせていただいています。
　いずれにしましても，おねしょが続いてしまうようであれば一度，専門医にご相談されることも一つの手だと思います。園でも必要な協力はもちろん致します。焦らず一歩一歩前向きに進んでいきましょう。

 健康・安全の悩み

0歳・1歳・2歳・3歳・4歳・5歳・6歳

手洗いうがいが習慣づきません

「手洗いうがい」は乳幼児期のうちに習慣づけたいことのひとつ。子どもが嫌がらずに楽しく取り組める方法を保育者が助言することもあります。

? 保護者からのお悩み相談

最近意思がはっきりしてきたのか,「手洗いうがい」を嫌がることが多くなってきました。厳しくしつけようとしているのですが,なかなか言うことを聞きません。

衛生面を考えると習慣づけたいと思っているのですが,園ではどのような感じでしょうか？

書き方ポイント

保護者の気持ちのここに注目！

親心として,手洗いうがいを習慣づけることにより,風邪や他の感染症にかかりにくい体質にしたいのでしょうが,子どもは2歳を過ぎた頃になると,はっきりと意思を示し,手洗いうがいを嫌がる子も出てきます。保護者は習慣づかないことに焦りを覚えているのかもしれません。家庭でできる子どものやる気を引き出す工夫を伝えてみましょう。

- 園ではお友達と一緒に手洗いうがいを頑張っていますよ。
- うまくできたら思いっきりほめてあげてください。
- 手洗いうがいが楽しみになるように洗面所に〇〇ちゃんが好きなキャラクター等の人形を置いてみてください。

洗面台での工夫など，家庭ですぐにできる取り組みを伝えましょう。その際，子どもが園で気に入っているキャラクターなども併せて伝えるとよいです。

- 家ではお母さんに甘えているから仕方ないですよ。
- 「いやいや期」に入るとみんなそんな感じになりますよ。
- 園ではできているのにどうして家庭ではできないのでしょう。

保護者の対応を頭ごなしに否定することはやめましょう。甘えているから仕方がない，など突き放すような言い方はNG。相談事には親身になって対応しましょう。

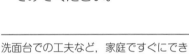

　2歳にもなってくると，「嫌なものは嫌」とはっきり言うようになってきます。〇〇ちゃんは，園ではお友達と一緒に手洗いうがいを頑張ってしていますよ。ただ，ご家庭では，お母さんに甘えているのかもしれませんね。ですので，甘えさせながら習慣づけるのもひとつのアイデアかもしれません。例えば，おうちの方と一緒に手洗いうがいをし，できたときには「お水じょうずにぺー，できたね」「おてて，ピカピカだね」など思いっきりほめてあげてください。ゲーム感覚で楽しくするものよいでしょう。

健康・安全の悩み　　0歳・1歳・2歳・3歳・4歳・5歳・6歳

最近，すぐに風邪をひきます

幼稚園や保育園で集団生活がはじまると，病気に感染する機会が増えます。1シーズンに何度も風邪をうつされ，不安に思っている保護者も多いのでは。

? 保護者からのお悩み相談

とにかくよく風邪をひきます。保育園に行くようになってから，子どもが弱いのか，お友達から風邪をもらってきます。

風邪をひかないように普段の生活から除菌グッズを使ったり，部屋の温度を上げたり（湿度も考えながら）と予防に向けての努力はしているのですが……。

書き方ポイント

保護者の気持ちのここに注目！

生後6カ月過ぎた頃から，子どもは風邪をひきやすくなります。よく風邪をひくので，わが子は特段免疫力が低いのではないかと不安に思う保護者の方は多いです。あまり神経質にならないように，と助言するのがよいでしょう。また，免疫力を上げる取り組み（除菌グッズ・温度調整の注意点，食生活・運動）を伝えると保護者も助かるでしょう。

- 1歳半から2歳ぐらいには，感染する回数が減ってくると言われています。ですので，そろそろ回数が減ってくる頃かもしれませんね。
- 免疫力を上げると言われている食べ物，発酵食品，ビタミンAやビタミンC，を摂るのもおすすめです。

少し神経質になっている保護者の場合はまず子どもが異常ではないことを伝え，安心させましょう。

- 抗菌グッズや厚着はかえって免疫力を下げるのでやめた方がいいですよ。
- 年齢があがるとともに強くなっていくので神経質になるのはよくないです。
- 確かに○○ちゃんはよく風邪をひきますね。他のお友達のお母さんからクレームがありましたが，納得してもらいました。

保護者間のトラブルにつながるようなことは書かないようにしましょう。

連絡帳はこう書いてみよう！

　よく風邪をひくのは心配ですね。
　1歳～1歳半であれば年に4回～8回感染して病気にかかってしまう子が多いですが，1歳半から2歳ぐらいには，徐々に感染する回数が減ってくると言われています。ですので，そろそろ回数が減ってくる頃かと思います。
　○○ちゃんも風邪でつらいと思いますが，強くなるための第一歩と伝え，励ましてあげてください。

健康・安全の悩み　　0歳・1歳・2歳・3歳・4歳・5歳・6歳

薬を嫌がり飲んでくれません

子どもは薬が嫌いです。苦いものが多いからです。保護者は，甘いものと一緒に飲ませたり，などいろいろと努力はするのですが……。

❓ 保護者からのお悩み相談

うちの子は，2歳になりますがすごく風邪をひきやすい体質です。ただ，熱が出ても薬を飲まないので困っています。プリン，ゼリー，ジュースなど子どもの好きなものに混ぜて飲まそうとするのですが，飲もうとしてくれません。すぐに薬が入っているのがわかるようです。苦みが苦手なようですが何かいい方法はないでしょうか。

書き方ポイント
保護者の気持ちのここに注目！

いろいろと工夫しているにもかかわらず，飲んでくれないことに困っている様子です。1歳の頃から多くの言葉が理解できるようになるので，子どもにもわかりやすい言葉で薬を飲むことの重要性を伝えるようにするとよいでしょう。他にも①子どもに悟られないように薬を準備する，②笑顔で飲ませる，③さっと飲ませる（後で水などを飲ませて口のなかに薬を残さない），④飲めたらほめる，などのポイントを伝えてあげましょう。

- ○○ちゃんにも薬を飲む大切さをわかりやすく伝えてみるのもいいかもしれません。
- 「投薬指示書」を頂けますと，保育現場でもお薬を飲む練習ができますがいかがでしょうか。

子どもがどうすれば薬を飲んでくれるようになるのかの対応法や，園でも投薬の協力ができることを伝えましょう。

- 今に飲めるようになりますよ。
- 飲まなかったら，風邪が他の子どもにうつるので必ず飲ませてください。
- 「投薬指示書」を園にお持ちください。私からも飲ませてみます。

薬を必ず飲ませてください，などのプレッシャーをかける言葉はNG。また相談事への返答は丁寧な言葉使いを心がけて。

連絡帳はこう書いてみよう！

　苦い薬を飲むという行為は子どもにとってつらいことだと思います。○○ちゃんにも飲む大切さをわかりやすく伝えてみるのもいいかもしれません。例えば「体に入った『バイキン』を退治するために○○薬ジャーが，いまからお口のなかに入ります！」なんていうのもよいと思います。
　意外にも「水に溶かすと飲んでくれた」というお母さんもいらっしゃいました。大変ですが，一度試してみられたらいかがでしょうか？

 健康・安全の悩み　　0歳・1歳・2歳・3歳・4歳・5歳・6歳

落ち着きがあまりにもないのですが

　子どもは概して落ち着きがないもの。しかし，めまぐるしく動き回る，衝動的な行動，興味のあること以外は集中できない，こんな態度の子どもは要注意です。

？ 保護者からのお悩み相談

　とにかく，落ち着きがありません。急に走りだしたり，衝動的に妹に手を上げたりします。じっとするのが本当に苦手なようです。いつも体のどこかを打撲しています。力づくでじっとさせようとすることが多くなりました。たんに落ち着きがないのでしょうか。年齢があがるとともに治っていくものなのでしょうか。

書き方ポイント

保護者の気持ちのここに注目！

　一般的に，年齢があがるとともに，衝動をコントロールができるようになってくることを伝えます。このような特性をもつ子に対しては，①注意深く見守っていく，②積極的にほめることによって，自己肯定感を高める，などのポイントを伝えましょう。保護者には，力づくでおさえこむことはときには必要ですが，子どもの自己肯定感を高めることの重要性は伝えましょう。

- ○○ちゃんの安全のため，おさえることも必要でしょう。
- じっとすることができたら，積極的にほめてあげてください。
- 年齢とともに落ち着いていく子は多いです。注意深く見守っていきましょう。

子どもの困った行動に落ち着いて対応を考えられなくなる保護者は多いです。安全確保，ほめること，等ポイントを伝えましょう。

- 力づくでおさえるのは，本人にストレスがかかるのでお勧めできません。
- 落ち着きがないのは，子どもの特性でもあるので，今は専門医に相談する必要はないでしょう。
- 妹さんはしっかりと守ってあげてくださいね。

相談内容によって個人差，と片づけるだけでなく，よりその子どもの特性に合わせた返答をしましょう。

連絡帳はこう書いてみよう！

　お疲れ様です。じっとするのが苦手な○○ちゃんなので，気が抜けない日々をすごしていることと思います。傷が絶えないこと，妹さんをたたいてしまうことに対しても心を痛められていることでしょう。園でもその傾向がみられます。ですが，園では保育士が一体となって○○ちゃんの行動を見守るようにしています。大変とは思いますが，根気強く「してもよいことと悪いことを繰り返し教える」ことを続けていってください。園も協力致します。じっとすることができたら，積極的にほめてあげてください。

健康・安全の悩み

0歳・1歳・2歳・3歳・4歳・5歳・6歳

体重の増加が気になるのですが

「うちの子，肥満かしら」。子どもの発育は保護者にとって気になる悩みのひとつ。改善のためには生活習慣を見直すことが鍵になります。

？ 保護者からのお悩み相談

身長の伸びの割に，体重が増えているようです。母子家庭で私の勤務シフトが一定でないということもあり，どうしても不規則な生活になりがちです。少しでも○○と関わる時間がほしく，ついつい起こしてしまい，夜も遅くなってしまいます。また，仕事の疲れから，できあいのもので食事を済まそうとしているのも原因かもしれません。

書き方ポイント

:保護者の気持ちのここに注目！:

　子どもに規則正しい生活をさせられないことや，健康を考えて自分で食事をつくることができていないことが，肥満の原因ではないかと，自分を責めています。まずは，この状況を責めるのではなくむしろ頑張って子育てしていることに敬意を払いましょう。そして，様子を見つつ，食事や生活リズムについて伝えてみるとよいでしょう。身長の伸びの割にあまりにも体重が増えすぎている場合は，かかりつけの小児科医への相談を勧めましょう。

- 余裕があるときだけでいいので，○○ちゃんと一緒にごはんをつくるなどというのはいかがでしょうか。
- 園でも，運動面や食事面で○○ちゃんの体重の増減を注意深く見守っていきますね。
- 一緒に寝るだけでも十分なスキンシップになりますよ。

家庭状況は様々です。相手の立場に立った言葉を選び，また園でも子どもの健康状況は見守っていることを伝えましょう。

- 2日に一度は，ご自分で栄養価が高く低カロリーの食事をつくられたらいかがでしょうか。
- 夜起こすのは，子どもの育ちにとってよくありません。やめてくださいね。
- 仕事は，○○ちゃんの育ちを意識したシフトに変えてもらえないのですか。

仕事についてなどは家庭の都合が大いに関係するので安易に指摘することは控えましょう。

食事・排泄

健康・安全

人間関係

言葉・表現・態度

園

家庭

連絡帳はこう書いてみよう！

　毎日，遅くまでお仕事お疲れ様です。○○ちゃんの体重の増加を気にしておられますが，ご自分を責めないでくださいね。お母さんは精一杯子育てを頑張っていらっしゃいます。できるときだけでいいので，○○ちゃんと一緒にごはんをつくるなどというのはいかがでしょうか。また一緒に寝るだけでも十分なスキンシップになります。園は外遊びの時間に動きの多い活動を取り入れています。園でも協力致します。もしご心配なら，かかりつけの小児科医に相談されてはいかがでしょうか。

人間関係の悩み

0歳・1歳・2歳・3歳・4歳・5歳・6歳

入園してから言葉遣いが悪くなってきています

概して，入園後に乱暴な言葉遣いがあらわれるといわれます……。これは保育現場ではよくあることです。

❓ 保護者からのお悩み相談

最近言葉遣いが悪くなって困っています。使うたびに「そんな言葉は使ったらダメよ」ときつく叱ってはいるのですが，いっこうに改善しません。注意しすぎると，おもしろがって逆に一層使ったりします。お友達の影響を受けているのではと心配です。園でも，そのような子どもにはきちんと叱っていただいているのでしょうか？

書き方ポイント

保護者の気持ちのここに注目！

　園に入園してから言葉遣いが悪くなったという疑念をもっています。○○ちゃんの言葉遣いについて，具体例をあげながら保護者に伝えることがよいでしょう。また，園での言葉遣いの指導例を伝えるのもよいでしょう。

　おうちでの対応策として，①頭ごなしに怒らない，②理由を含めて伝える，③表現方法を教える，④悪い言葉・よい言葉に分けない，⑤きちんと向き合う，⑥時と場所を考えさせる，なども伝えてあげましょう。

- 使ったらいけない理由を伝えながら注意してあげてください。
- 園で覚えたのかもしれません。配慮が行き届かず申し訳ありません。
- 園では使ったその場で指導しています。

子どもたち同士のやり取りで覚えてしまった言葉については謝罪し，子ども同士の関係も含め見守っていくことを伝えましょう。

- 子どもは真似をするものなので仕方ありません。
- ご家庭では無意識に使っていらっしゃいませんか。
- 理解力が増すにつれて言わなくなりますよ。

「仕方がない」など原因に触れていない返答では保護者の不満は増すばかりです。園としての対応などをきちんと説明しましょう。

連絡帳はこう書いてみよう！

　ご家庭で，おうちの方々が使っていないのに使う（テレビ等以外で）のであれば，園で覚えたのかもしれません。配慮が行き届かず申し訳ありません。園では，不適切な言葉や表現を子どもが使うたびに，その場で注意をするようにしています。その場合は頭ごなしに注意するのではなく，使った言葉に対して大人が強く反応するのをみて楽しんでしまうこともありますので，理由を含めて「どうして使ったらだめなのか」をしっかりと伝えるようにしています。

人間関係の悩み

0歳・1歳・2歳・3歳・4歳・5歳・6歳

保育園に行きたくないと言います

環境の変化，友達との関係，いろいろ理由は考えられますが，まずは園生活での状況を保育者は把握する必要があります。

❓ 保護者からのお悩み相談

最近，園に行くのを嫌がるようになりました。理由を聞いても言ってくれません。夜中にはよく目が覚めて泣くようになりました。先生から見て，何か園で気になることはありますでしょうか？　最近では，園の近くを車で通るだけで嫌がる態度をします。このような感じが続くようであれば転園も考えはじめています。

書き方ポイント

保護者の気持ちのここに注目！

園に行くことを拒む理由がわからないので，保護者は不安な気持ちでいるようです。考えられる原因は様々ですが，担任と子どもの相性が悪い場合などには担任を変えてほしいと訴えてくる保護者もいます。いずれの原因にせよ園生活での子どもの姿を連絡帳に限らず具体的に保護者に知らせ，まずは保護者に安心してもらうことが重要です。その後，担任の配置転換など園長・主任と相談のうえ，具体的な対応策を伝えていきましょう。

はなまるワード

- ○○ちゃんが園を嫌がっていることに気づくことができず，申しわけありません。
- （担任との相性が問題の場合は）担当保育士の配置転換も視野に入れて検討致します。
- これまで以上に，○○ちゃんの日常の姿を，園が一丸となって見守っていきたいと思います。

園での子どもの様子と，園を嫌がる原因がわかる場合はそれをどう解決していくのか伝え，保護者を安心してもらえるよう心がけましょう。

 NGワード

- 園では，いつも楽しそうにお友達と遊んでいるので一時的なものと思いますよ。
- 別の保育園をご紹介します。
- 単に新しい環境に順応することが苦手なだけではないのでしょうか。
- ○○先生と相性があわないのかもしれませんね。

子どもが園を嫌がる具体的な原因がわかっている場合は必ずその後の対応についても保護者に伝えましょう。曖昧な対応はNG。

連絡帳はこう書いてみよう！

　ご連絡ありがとうございます。○○ちゃんが園を嫌がっていることを気づくことができず，申しわけありません。転園までお考えになっていたとのこと，深く反省致します。園でも泣いている姿を見かけていましたので，新しい環境に適応するのがなかなかむずかしいのかな，と思っていました。他の先生が抱っこしたときなどは，○○ちゃんは嬉しそうでしたので，私に対して何かあるのかな，とも少し感じておりました。今後の対応につきましては，原因を確認後，園長・主任と相談させてください。

 **人間関係の悩み**

0歳・1歳・2歳・3歳・4歳・5歳・6歳

友達とケンカをしてしまったようです

園では，お友達とのケンカはよくあることです。保護者には詳細を伝えなければなりません。

? 保護者からのお悩み相談

家に帰ると，子どもの左腕に噛まれた傷がありました。子どもに聞くと□□ちゃんに噛まれたと言っていました。

今までずっと仲よくさせていただいたのですが，一体なにがあったのでしょうか。□□ちゃんとはお母さんとも仲よくさせてもらっています。

書き方ポイント

保護者の気持ちのここに注目！

園からの説明不足（対応）を不満に思っています。園から簡単な説明は受けた場合でも，今ひとつ納得していないようです。さらに具体的に状況を説明する必要があります。噛んだと思われる子どものお母さんとの保護者同士の関係にも注意しましょう。

また噛まれた側の言動・行動にも問題があるかもしれないので，まずは詳しく調べる必要があります。

- 説明が不足してしまい大変申しわけありません。詳しい状況を明日直接お伝え致します。
- 今後は，これまでに増して注意をしていきます。
- □□ちゃんのお母さんには，私からもお話しておきます。

説明不足についてまずは謝罪をし，詳しい内容については連絡帳ではなく直接伝えましょう。

- お母さん間のことについてですが，園は関知しないことになっています。
- 噛みつきのケンカは，よくあることですよ。
- まずはお母さん同士で話し合ってください。

子ども同士のケンカの解決を保護者にゆだねてはいけません。園の信用にも関わります。

 連絡帳はこう書いてみよう！

　説明が不足してしまい申しわけございません。○○ちゃんと□□ちゃんは，園でもずっと仲がよかったので驚きました。以前にもお話しましたように，実際にみていた他の保育者によると，ケンカはおもちゃのとりあいからはじまりました。私たちも間に入ったのですが，間に合いませんでした。□□ちゃんのお母さんにもそのことはお伝えしております。園としましては，今後，更に状況を確認し，このようなことが起こらないように気をつけて参ります。このたびは大変申しわけございませんでした。

 人間関係の悩み

0歳・1歳・2歳・3歳・4歳・5歳・6歳

△△ちゃんとは同じクラスにしないでください

　このような要求（依頼）をする保護者も少なくありません。その理由をよく聞き，配慮できるものはする，できないものはできないと伝える態度が保育現場には求められてきます。

? 保護者からのお悩み相談

　お友達の△△ちゃんがうちの子を頻繁にたたくようです。どうにかならないでしょうか？　園ではどのように対応されているのですか？うちの子も〇〇ちゃんが怖いと家でよく言っています。クラスを変えてもらうことはできないのでしょうか？　このままですと，園の対応に不信感が増すばかりです。

書き方ポイント

保護者の気持ちのここに注目！

　園側の対応に大きな不満・不信感を抱いています。まずは，話し合いをして不満を低減してもらうことが重要です。たたく原因についてはたたく側の保護者と話をしましょう。その結果，同じクラスのままでよいのか，別のクラスにするのがよいのかを園長（所長）・主任へ相談しましょう。もちろん，決める主体は，園長（所長）や主任ですが，両方の保護者から信頼を得るように，保護者ともしっかりと話し合うことが重要となります。

はなまるワード	NGワード
・園として対応を遅れましたことをおわび申し上げます。 ・○○ちゃんがたたく理由を再度確認させてください。 ・詳細がわかり次第，ご説明致します。	・たたくことは子ども同士ではよくあることですよ。 ・それくらいのことで，クラスを変えることはできません。 ・○○ちゃんにも理由があるかもしれないので，再度調べたいと思います。
保護者の抱えていた悩みについて，対応が遅れてしまったことをまずは謝罪しましょう。次に原因をどう解決していくか，今後の対応についても伝えましょう。	子どもに原因があるのではないか，など直接的に伝えることは保護者を不快にさせます。まずは対応が遅れてしまったことへの謝罪を第一としましょう。

連絡帳はこう書いてみよう！

　園としましては，できる限り対応してきたのですが，力不足で申しわけありません。園としての対応が遅れましたことを深くお詫び致します。園でも，なぜたたくのか，別のクラスに移ってもらうのがよい方策なのか1週間ほど検討させてください。園長・主任と担当保育士とで今一度状況を確認致します。
　いずれに致しましても，園に対して不信感をお持ちになる状況をつくってしまいましたことをご容赦いただけましたら幸いです。

人間関係の悩み

`0歳・1歳・2歳・3歳・4歳・5歳・6歳`

お友達と仲よくできているのか心配です

初めて集団生活を経験する場合，なかなか園生活に馴染めない場合がままあります。

❓ 保護者からのお悩み相談

　保育園を経験せずに，いきなり幼稚園に通わせたので，お友達ができたかどうか心配でなりません。

　本人は幼稚園に行くこと自体嫌がっている様子はありません。いろいろと幼稚園の話はしてくれるのですが，お友達との関わりの話が出てこないので，不安に感じています。

書き方ポイント
保護者の気持ちのここに注目！

　保育園に通っていないため，いきなり幼稚園という集団生活に入れたことへの不安が先に立っていると思われます。登園時に嫌がっていないということは，幼稚園生活に苦痛を感じていないことが推測されます。友達との関わりを注視し，詳細を保護者に伝えることが重要になってきます。

　幼稚園でも子ども同士がいきなり仲よくなることはありません。保護者にはそのことを他の同年齢の子どもの例をあげながら伝えるとよいでしょう。

- ○○ちゃんは，自由遊びの時間などでは，お友達とよく遊んでいます。
- お母さんに話せない何かがあるかもしれないので，注意深く見守らせていただきます。
- 気になることがありましたら，すぐにご連絡致します。

まず園での子どもの様子を伝え，安心してもらいましょう。保育者も気になる点がある場合は直接伝え，保護者と一緒に解決をしたいという姿勢を表しましょう。

- 気にしすぎだと思います。
- この時期になると，園生活のことを保護者に話さないことはあります。
- ○○ちゃんは，お友達とよく遊んでいますよ。

園の様子を伝える際にもただ，「遊んでいます」だけでは説明不足です。保護者に安心してもらうため，より具体的に書くことを心がけましょう。

連絡帳はこう書いてみよう！

　自由遊びの時間，○○ちゃんはお友達とよく遊んでいます。ですので，安心してください。ただ，お母さん（お父さん）に話せない何かがあるかも知れません。「楽しい話をしたらおかあさん（おとうさん）にかまってもらえないかもしれないから話さない（悲しい話はかまってもらえる）」なんて言う子もいます。

　私たちも，注意をして見守らせていただきます。お友達との関係で何かトラブルがあるようでしたら，すぐにお伝え致します。

言葉・表現・態度の悩み　　0歳・1歳・2歳・3歳・4歳・5歳・6歳

なかなか言葉がでてきません

保育関連情報などから，「〇〇歳になっても言葉がでない」という不安・焦りはどの保護者ももつものです。

❓ 保護者からのお悩み相談

　3歳になったのですが，言葉がうまくでません。言葉の発達が遅れているようです。他の同年齢のお友達と比べてどのような感じでしょうか。

　発達障がいかもしれないと思ったりと，とても心配です。専門医に相談した方がよいでしょうか。

書き方ポイント
：保護者の気持ちのここに注目！：

　子どもの言葉の遅れを「発達障がい」かもしれないと心配しています。園生活での同年齢の子どもの「言葉」の様子と，〇〇ちゃんとの違いを，具体例をあげて伝える必要があるでしょう。保育者も気になるようであれば，専門医への相談を勧めるべきです。ただ，その際，保護者の不安をあおるような伝え方はしないようにします。

- 確かに言葉の発達には個人差があります。○○ちゃんも最近はこれまでより積極的に言葉で意思表示をしてくれるようになってきました。
- 年齢やお友達と比べると，確かに言葉が出てこないですが，個人差があるものなので焦らず半年くらい見守ってみましょう。

園での日々の様子でどう成長しているのかはどうなのかを具体的に伝え，園も一体となって見守っていることを伝えましょう。

- 年齢やお友達と比べると，確かに言葉が出てこないので園でも心配をしています。
- 発達障がいの可能性もあるので，すぐにでも専門医に診てもらってください。
- お母さんが話をしっかりと聞いてあげていないのではないのですか？

「発達障がいかどうか」は大変繊細な内容です。保護者からの相談があったとしても安易に書くことは控えましょう。

連絡帳はこう書いてみよう！

　さぞかしご心配のことでしょう。確かに，言葉を発することが大変そうなときもあります。ただ，この年齢ですと他のお母さん方からも同じようなお悩みを聞きますので，あまりご心配なさらないように。言葉の発達には個人差があります。○○ちゃんの場合，最近これまでよりも積極的に言葉で意思表示をするようになってきました。ですので，半年くらい一緒に見守っていきましょう。もし，ご心配が続くようでしたら，専門医に相談されるのもよいかもしれません。

言葉・表現・態度の悩み 　0歳・1歳・2歳・3歳・4歳・5歳・6歳

最近よく嘘をつきます

子どもがつく嘘には，それほど問題視しなくてもよいものと，問題視しなければならないものがあります。その見極めが大切です。

保護者からのお悩み相談

5歳になった頃から，よく嘘をつくようになってきました。たわいもない嘘ならいいのですが，親に怒られるのが嫌だからつく「嘘」が多くなってきました。きつく怒っているのですが，そのあときまって，怒ったことに対して自己嫌悪に陥ることがしばしばあります。

書き方ポイント
保護者の気持ちのここに注目！

子どもがなぜ嘘をつくようになってきたのかを考えてみる必要があることを伝えましょう。保護者の態度としては，「自分の行動に対し，子ども自身がよく考えるように声かけをする」ことを意識します。お友達同士のトラブルの際は，「そもそもどうして？」「誰と誰とが？」など，順序立てて聞いていくことが重要となるでしょう。正直に話す環境を整える，話してくれたときはその言動に対してほめる，ことの重要性も伝えましょう。

- 嘘をついたとき，叱らずにまずはじっくりと話を聞いてあげてください。
- お友達とのトラブルで嘘をついているなと感じたら，「どうして？」「誰と誰とが？」「何をしていたの？」と順序立てて聞いてみてくださいね。
- 正直に話してくれた場合はほめてあげましょう。

家庭でも指導に入れるよう，園で実際におこなっている対応を伝えましょう。

- 嘘をついたときは，まずは厳しく叱ってください。それによって落ちこむことはないと思います。
- 甘やかすと，「嘘をつく」ことが癖になりますよ。
- 叱りすぎると，自己防衛からか，逆に嘘をつきやすい子どもになりますよ。

保護者の現在の対応について「甘やかし」や「叱りすぎ」などマイナスに伝えてはなりません。

連絡帳はこう書いてみよう！

　それは心配ですね。叱るということも体力を使いますし，大変お疲れになっていらっしゃることでしょう。まずは，しっかりと話を聞いてあげたらいかがでしょうか。ひょっとすると，○○ちゃん自身は，嘘をついているという自覚がないかもしれません。
　子どもが嘘をつく原因は様々で，自覚がないときに叱ると逆効果になる場合もあります。嘘をついたとき，叱らずにまずはじっくりと話を聞いてあげてください。

言葉・表現・態度の悩み　0歳・1歳・2歳・3歳・4歳・5歳・6歳

もうすぐ小学生ですが、なんだかとても頼りないです

来年小学校に進学。クラスになじめるのか、保護者は不安になります。

保護者からのお悩み相談

　来年小学校に進学します。クラスに馴染めるか、友達ができるか、新しい環境に適応できるのか、など心配です。
　というのも、小学生になろうとしているのに、何をするにもしっかりしていません。先生からご覧になって、○○は小学校でうまくやっていけそうでしょうか？

書き方ポイント
保護者の気持ちのここに注目！

　子どもに頼りなさを感じているようです。少し神経質（あるいは過保護）な保護者かもしれません。まずは、園での友達との関わりについて、肯定的な部分を伝えます。保護者の気持ちを受け入れて、精神的に落ち着きをもってもらうことが重要になるでしょう。子どもは子どもなりに壁にぶつかって這い上がり成長していくものです。早い解決を求めるのではなく、あたたかく見守るようにと助言するとよいでしょう。

- 園ではお母さんが思っておられるより，○○ちゃんは大人ですよ。お友達をいろいろな場面で助けてくれていますし，自分の意思をはっきりと保育者に伝えてくれます。
- 焦らずにあたたかく見守っていきましょう。

園での様子を伝え，保護者には少しでも安心してもらいましょう。また「できない」は子どもの成長には前向きなものだととらえてもらえるように書きましょう。

- ○○ちゃんはもう6歳になるのですよ，大丈夫です。自然にしっかりしていくものですよ。
- 小学校に入学する前に，子離れを努力されたらいかがでしょうか。
- お母さんが心配しすぎると，それが子どもに伝わってしまいますよ。

相談ごとに対して上からの物言いはNG。親身になって，わかりやすい返答を心がけましょう。

連絡帳はこう書いてみよう！

　不安な胸の内を伝えていただきありがとうございます。私たちに伝えることもいろいろためらいがあったかと思われます。しかし，安心してください。○○ちゃんは，お母さんが心配なさるよりもしっかりしていますよ。
　例えば，お友達がけがをしたときには担任の保育者にすぐに知らせてくれましたし，給食の時間，嫌いなものがあり泣いていたお友達にもやさしく話しかけてくれていました。

言葉・表現・態度の悩み　0歳・1歳・2歳・3歳・4歳・5歳・6歳

ひとつのことに集中しすぎるのですが

ひとつのことに集中しすぎるわが子の姿に，保護者は不安を感じるときがあります。

❓ 保護者からのお悩み相談

先生から園内での姿をお伝えいただいたように，家庭でも普段から集中力がなく，衝動的に動き回ったりすると思えば，急にものごとに集中してその場から動かなくなったりします。集中していることをやめさせようとすると，大声で泣きわめくなどかんしゃくを起こしたようになります。専門医に相談した方がよろしいでしょうか。

書き方ポイント

保護者の気持ちのここに注目！

子どもに何らかの発達障がいがあるのか疑っています。医療分野については，専門医の相談を受けることを勧めることが基本ですが，まずは，必要以上に不安にさせないようにすることが重要でしょう。園が協力して関わっていくことを伝えます。集中しているときは，適度な休憩を入れるような環境整備など子どもとの関わり方も助言しましょう。この保護者には，衝動的な行動を抑える努力についても労うことを忘れないようにします。

- ルールを決めるなど，ゲーム感覚で取り組まれたらいかがでしょうか。
- 行動をとめるなかで，○○ちゃんの感情が抑えきれない様子がみられたら，○○ちゃんの気持ちを受け止めてあげてください。

子どもを抑えることには体力がとても必要になります。保護者のそうした対応を労い，園でおこなっているルールなどを伝えましょう。

- とにかく○○ちゃんは「急に保育室を走り出る」「園外へのお散歩のときに急に道路に飛び出そうとする」など衝動的です。
- あぶないので，家庭でもしっかりと抑えるトレーニングをしてくださいね。
- 甘やかすと調子にのるので，毅然な態度で叱ってください。

具体的な改善策を必ず書くようにしましょう。保護者に子どもを叱るように促す言葉などはこの場合不適切です。

食事・排泄

健康・安全

人間関係

言葉・表現・態度

園

家庭

連絡帳はこう書いてみよう！

　ご相談いただきありがとうございます。衝動的な行動を抑える努力を日々しておられるのですね。さぞかしお疲れのことと思います。ご無理されないようにしてくださいね。園では，明確なルールを決めておくようにしています。例えば，ゲームや何かの遊びに熱中しているときでも，保育者の声かけやキッチンタイマーの音がなったらやめる，などルールを体感してもらうやり方です。気長に続けていくことが大切になります。ただ，約束の時間をオーバーしても，叱らないようにしてくださいね。合言葉は，「根気強く」です。

言葉・表現・態度の悩み　　0歳・1歳・2歳・**3歳・4歳・5歳・6歳**

噛みついたりたたいたりよくするのですが

子どものケンカで噛みつきはよくあることです。なぜ噛みつくのか，保育者は慎重に見極める必要があります。

❓ 保護者からのお悩み相談

3歳になって，妹とのケンカでよく噛みつくようになってきました。最近私自身が多忙なせいか，また，○○の言葉の出が遅いということへのイライラから，言うことを聞かないときに厳しく叱るようになってきました。保育園でもお友達を噛んでいるということはないでしょうか。心配です。

書き方ポイント
保護者の気持ちのここに注目！

①ケンカで噛みつくようになった事実と，②言葉の出が悪いということ，③自分自身のしつけのあり方，など3つのことに悩んでいます。①は，どのようなときに噛みつくのか，それまでの妹さんとの関係性，②は，保護者自身がどこまでの言葉の出を期待しているのか，③については，どのような怒り方をしているのか，について聞きましょう。保育者も，園生活での様子を再確認し，記録に残すなど保護者と協力して乗り越えていく旨を伝えます。

- いろいろとご心労のことと思います。私たちはお母さんの悩みを少しでも少なくできるようにサポート致します。
- ご心配なら，かかりつけの専門医に相談されるのも，安心を得るという意味ではよいかと思います。

園での様子を伝え，保護者を安心させると同時に，園も積極的にサポートする等あたたかい言葉をかけましょう。

- お母さんの愛情が足りないのではないでしょうか。
- お母さんが妹さんに愛情を注ぎすぎているのではないでしょうか。○○ちゃんは嫉妬しているのかもしれません。
- 言葉の遅れは，園の保育者がみんな心配していますよ。

保護者の子育てに文句をつけてはなりません。園でも気になっている場合は一緒に解決策を考える，など前向きな内容にしましょう。

連絡帳はこう書いてみよう！

　いろいろとご心労のことと思います。私たちはお母さんの悩みを少しでも少なくできるようにサポート致します。
　子どもの噛みつき行動は，自分をわかってもらいたいというサインかもしれません。同年齢のお友達に比べて格別遅れているということではありません。しかし，ご心配なら，かかりつけの専門医に相談されるのも安心を得るという意味ではよいかと思います。
　園も協力致しますのでいつでもご相談ください。

 園に対する悩み

0歳・1歳・2歳・3歳・4歳・5歳・6歳

行事になかなか参加できません

行事に参加したいのですが，仕事の関係で，どうしても参加するのが困難，そんな保護者がいま増えています。

❓ 保護者からのお悩み相談

この園では保護者参加必須の行事のほとんどが平日にあるようです。ですが，仕事をしているためほぼ参加できない可能性が高いです。なんとか，休祝日に変更していただけないでしょうか。そもそも保育に欠ける状況だから預けているのです。その基本的な観点にもどって検討していただけましたらありがたいです。

書き方ポイント

保護者の気持ちのここに注目！

保護者は，平日の行事に参加できないことを残念がっています。保育者はこの気持ちを尊重する必要があります。この保護者の場合，保育園所の基本的な存在意義も理解しています。保育に対して意識が高いことが考えられます。今後，休祝日への変更も視野に入れた対応が保育施設側には求められてきます。ただ，サービス業の場合，平日が休みの場合が多くなっています。その点も意識した配慮が必要となってくるでしょう。

はなまるワード

- 来年度は，行事の一部を休祝日に実施する方向で検討を進めてまいります。
- 平日の16時30分から17時30分までの実施を考えています。
- 行事参加は強制ではありません。参加していただけるときにお越しください。

保護者の行事に参加したい言う気持ちを尊重しつつ，可能な範囲で来年度の改善案を伝えましょう。

NGワード

- 普段の姿をみてほしいので平日に設定しています。
- お母さん（お父さん）が来てくれないので，○○ちゃんはいつもさびしそうですよ。
- 何とか参加できませんか？ 今回はじめてですので，他の保護者と顔合わせもしていただきたいと思っているのですが。

できないことを無理に言われると園へ不満を抱くようになってしまいます。無理強いさせてはいけません。

食事・排泄

健康・安全

人間関係

言葉・表現・態度

園

家庭

連絡帳はこう書いてみよう！

　行事への参加がむずかしいとのこと，申しわけありません。本園では，お子さまの普段の様子を保護者のみなさまに観ていただきたいという思いから，平日に設定しておりました。平日が休日の方もいらっしゃるので，すべてはむずかしいですが，今後は行事の一部を休祝日に変更する方向で検討を進めてまいります。本園と致しましては，みなさま方のご意見をもとに今後の行事の実施日を決めていきたいと考えております。

 園に対する悩み

0歳・1歳・2歳・3歳・4歳・5歳・6歳

○○ちゃんママといつも気まずいです

保護者同士のもめごとはよくあることです。園が深く関与すると保護者間，保護者と園所間がこじれることになりかねません。

❓ 保護者からのお悩み相談

保育園の行事で，保護者が集まって準備をしなければならない行事があるのですが，ある保護者から無視をされています。

その後もいろいろともめごとがあり，私自身ストレスから心療内科に通うようになりました。園にも解決に向けて関与していただきたいのですが……。

書き方ポイント

保護者の気持ちのここに注目！

対象となっている保護者から事実確認をする必要がまずはあります。どちらに問題があるにしても，被害を訴える母親のケアは必須です。しかし，保護者同士のもめごとを園側が積極的に解決する態度を示すことは避けた方がよいでしょう。対応としては，①事実確認，②両者への伝達，③子ども同士に影響を及ぼさないような努力，④お話（不満）の聴取，にとどめます。園生活での子どもの利益を第一に優先した関わりを考えましょう。

・悩みやご不満等がありましたらご相談ください。
・○○ちゃんと○○ちゃんが園生活を楽しく過ごすことのできるよう，配慮致します。
・相手のお母さまともお話をさせていただき，まずは事実の確認を致します。

子どもたちが楽しく過ごすことを第一に考えている旨を伝え，保護者間のやり取りについては必要最低限の対応に慎みます。

・お二人で解決してください。
・お母さんの方にも何か問題があったのではないですか？
・○○ちゃんの気持ちも考えて，お母さんが我慢するしかないかもしれませんね。

保護者間のやり取りには園が直接入り込むことは避けましょう。一方の保護者を責める，我慢を強いることなどもNG。

連絡帳はこう書いてみよう！

　お話を聞かせていただき，ありがとうございました。○○ちゃんのお母さまとそのような関係になっていることはまったく気づきませんでした。園の対応としましては，相手のお母さまともお話をさせていただき，事実確認をし，その結果がまとまり次第お伝えするよう致します。園としましては，お母さま同士の関係性ということもあり，深く関与するのは控えさせていただきたく存じます。いずれにしましても，○○ちゃんと○○ちゃんが園生活を楽しく過ごすことのできるよう，配慮致します。

 園に対する悩み　　0歳・1歳・2歳・3歳・4歳・5歳・6歳

園の保育方針が納得できません

家庭と園とでは，方針が異なっていることがままあります。まずはしっかりと話し合いをすることが重要です。

❓ 保護者からのお悩み相談

園の給食時の食事のマナーが，家庭と異なるのでとまどっています。家では，食事の時間を設定し，その時間になると，途中でも終えることにしています。ですが，園では子どもの食べる速度に合わせ，待ってくださっているようです。うちの子どもは食べるのが遅いのですが，1時間たったら残っていても辞めさせてください。

書き方ポイント

保護者の気持ちのここに注目！

保護者は，給食時の園の方針に不満をもち，家庭での方針を自分の子どもには続けてほしいと依頼しています。園としては，保育理念にもとづいた方針をしっかりと説明することが必要でしょう。どうしてこのような方針を園がとっているのか，保育理論にもとづいて論理的に説明することが求められます。ただ，相互理解につとめることが重要です。やみくもに保護者の方針を否定するのは控えましょう。

はなまるワード

- ご家庭の教育方針を否定するものではありません。
- 一度ゆっくり園長を交えて話し合いの機会をいただけましたら幸いです。
- ○○ちゃんが苦手な野菜に代わる栄養は他のもので摂れるように配慮しています。

家庭の方針を尊重しつつ，園での保育方針として理解してもらえるよう誠意を込めて説明しましょう。

 NGワード

- 園の方針に従ってください。
- 嫌なものを無理やり食べさせるのはよくないと思います。
- 園の方針が気に入っているのか，○○ちゃんは嬉しそうに給食を食べていますよ。

家庭の方針と園の方針を比べてはなりません。保護者に方針を理解してもらうための文章としましょう。

 連絡帳はこう書いてみよう！

　ご意見ありがとうございます。ご家庭では，○○ちゃんの食事のスピードを速くするために，食事の時間を1時間以内に設定されているのですね。本園では，子どものペースに合わせてゆっくりとよく噛みながら食べさせるという方針をとっています。子どもがストレスを感じず，楽しみながら食べることによって「食」に対する楽しみをもってもらいたいと思っているためです。決してご家庭の教育方針を否定するものではありません。食事以外でも何か気になる点ございましたらまたご連絡いただけますと幸いです。

 家庭での悩み　　　0歳・1歳・2歳・3歳・4歳・5歳・6歳

親に保育園であったことを話してくれません

　園生活のことを子どもが話したがらない理由には，①話すまでの言葉の発達がない，②話をする必要性を感じていない，③嫌なことがあった，④園生活に疲れている，などが考えられます。

? 保護者からのお悩み相談

　ふだんはおしゃべりなのに，保育園での生活のことになるとまったくといってもよいほど喋ってくれません。園はどうだったと聞いてみても，「しらない」ということが多いです。
　保育園には不満なく通わせていただいています。園生活のなかで何か気づかれたことはあるでしょうか？

書き方ポイント

: 保護者の気持ちのここに注目！ :

　園生活の出来事を話してくれない子どもに対して，理由がわからないので不安になっています。保育者はまずは，その不安な気持ちを受け止める必要があるでしょう。それを前提として，一般的に子どもが保護者に園生活のことをしゃべりたがらない理由を説明し，○○ちゃんがどれに該当するかについて一緒に考えます。理由がわかれば，園と協力して○○ちゃんが話せる環境をつくっていくよう伝えましょう。

- お母さんからすれば，さびしい気持ちになりますよね。その気持ちはよくわかります。
- 協力してどうすれば解決するのか考えましょう。
- 子育ては，待つことも必要です。

不安に感じている保護者に寄り添いつつ，子どもがしゃべりたがらない理由を一緒に考えていけるよう導きましょう。

- お母さんの聞き方にも問題があるのではないでしょうか。
- そのような時期もあります。あまり気になさらないように。
- どうしてしゃべりたくないか，じっくり本人に聞かれたことはありますか？

保護者に問題があるような書き方は，さらに保護者の不安をあおる結果になります。保護者に寄り添った書き方を心がけましょう。

連絡帳はこう書いてみよう！

　おうちでその日の話をしてくれないのですね。お母さんからすれば，さびしい気持ちになりますよね。子どもが親にその日の出来事をしゃべらなくなる理由には，言葉で説明する準備がまだできていないことなどいろいろと考えられます。園の方でも何が理由なのか注意しておきますね。理由がわかれば，協力してどうすれば解決するのか考えましょう。子育ては，待つことも必要です。焦らず，○○ちゃんが「その気になるまで待つ」というスタンスで一緒に見守りませんか。

 家庭での悩み　　　0歳・1歳・2歳・3歳・4歳・5歳・6歳

よく夫（妻）と育児の方針で揉めます

夫婦の育児方針は違っていて当たり前です。それをめぐるケンカはよくある光景です。

？ 保護者からのお悩み相談

夫とよく育児方針をめぐっていい争いになります。育児方針の違いは，大きなことから細かいところまで多岐に渡ります。それが口火となって，育児とは関係ない単なる夫婦ケンカまで発展することがままあります。それを見ている子どもは，泣くことが多いです。どうしたらよいかわかりません。

書き方ポイント

:保護者の気持ちのここに注目！:

育児をめぐって夫婦が感情的になっています。こちらが折れたらよいのか，どうして夫が考えを変えてくれないのか，など譲れない自分自身に対してもつらい思いをしています。

保育者としては，①夫婦の保育方針が合致することなどない，②ひとそれぞれ育児観が異なる，③育児に正解はない，④どこの家庭も同じ問題が生じることを伝え，少しでも気持ちを楽にしてあげましょう。

- 譲れない自分自身に対して，大変な思いをなさっているのですね。あまりご自分を責めないでくださいね。
- お二人は，「○○ちゃんのため」に意見が対立しています。○○ちゃんは幸せです。

夫婦で方針が異なってしまうことはよくあることを伝え，前向きな言葉で返答するようにしましょう。

- 二人の方針が異なるのは当たり前ではないですか。ご自分の方針を貫いてください。主に育てているのはお母さんなのですから。
- 子どものためといいながら，お互いにご自分のために方針を曲げないのではないですか？

「ご自分のためでは？」など非難するような書き方や，夫婦間の問題に園が深く関わるようなことは避けましょう。

連絡帳はこう書いてみよう！

　育児の方針がご夫婦の間で異なるのですね。意見の対立から育児方針が定まらないのは本当につらいですね。ただ，これはどこのご家庭にでもあり，乗り越えなければならないものかもしれません。
　ただ，これもお互いに「子どものため」なのですよね。それが軸にあるのであれば，きっとお二人が納得いく方針がきまると思います。育児観が異なるのは当たり前ですので，まずはお二人でじっくり話し合う機会をもたれることをお勧めします。

家庭での悩み

0歳・1歳・2歳・3歳・4歳・5歳・6歳

妹ができてからお兄ちゃんが赤ちゃん返りをしています

赤ちゃん返りは，一過性のものです。保護者にとっては心配ですが，焦らずに対応することが重要となります。

❓ 保護者からのお悩み相談

最近，お兄ちゃんの赤ちゃん返りが激しくてとまどっています。ずっとまとわりつく，「だっこして」と突然言いだすなど，これまで以上に甘えてきます。下の子をときどきたたいたりすることがあります。

これからもずっと続くものなのでしょうか。心配です。

書き方ポイント

保護者の気持ちのここに注目！

初めての経験でとまどっています。保育者からは，「一過性」の可能性が高いことを伝え，その甘えを受けとめることが必要であることを伝えます。①○○ちゃんが保護者のことが大好きであること，②妹ができたことで愛情を独り占めできないことからさびしくて不安になっていること，③かまってほしいから妹をたたくこと，などを伝えればよいでしょう。

- ○○ちゃんはお母さん（お父さん）のことが大好きなんですね。
- 「だっこ」をせがんできたら，膝にのせるなどしてゆっくりとお話をする時間をつくられてはいかがでしょうか。
- 「抱きしめる」など，スキンシップを多くとってあげてくださいね。

赤ちゃん返りはほとんどが一過性のものだと，保護者を安心させることと併せて，その甘えをどう受け止めればよいのか伝えましょう。

- ○○ちゃんの場合の赤ちゃん返りは深刻ですよ。
- ○○ちゃんは甘えていますね。お兄ちゃんとしての自覚をもつように「悪いことは悪い」などと厳しく接したらいかがでしょう。
- 愛情のかけ方が減ってきているのではないですか。

赤ちゃん返りが深刻，など保護者の不安をあおるような言葉は避けましょう。保護者の気持ちに沿った書き方を意識しましょう。

連絡帳はこう書いてみよう！

　お兄ちゃんは，妹ができて不安になったのでしょうね。お母さんの愛情を確かめるために，妹さんをたたくという行動に出たのではないでしょうか。これまで以上に愛情が欲しくなってきたのでしょう。まずは，その○○ちゃんの気持ちを受け止めてあげたらいかがでしょうか。例えば，「だっこ」をせがんできたら，膝にのせたりしてゆっくりとお話をする時間をつくるなどです。ただ，くれぐれも無理をなさらないようにお願いします。

家庭での悩み

0歳・1歳・2歳・3歳・4歳・5歳・6歳

最近親の言うことを聞いてくれません

2歳前後になると、いやいや期になり、なんでもいやいやと言いはじめます。

❓ 保護者からのお悩み相談

最近何を言っても「嫌」と言い、言うことをきいてくれません。着替えするのも嫌、ご飯を食べるのも嫌、登園するのも嫌。こんなやりとりが続いています。忙しくしているときに、「いやいや」と言われると、ついつい感情的に叱ってしまうことがあります。ストレスもたまります。この状況はいつまで続くものなのでしょうか。

書き方ポイント

:保護者の気持ちのここに注目！:

「いやいや期」の子どもへの対応にとまどっています。まずは「いやいや期」はずっと続かないことを伝えましょう。そして、言うことを聞かない子どもへの対応を助言してみましょう。例えば、①子どもの話をしっかり聞く、②具体的に説明する、③伝え方に変化をつける、④子どもの気分をのせる、などです。ストレスがたまっているようですので、子育てを労う言葉も連絡帳に記しましょう。

- いやいや期はずっと続くことはありませんので安心してください。
- 私も自分の子どもの「いやいや期」に悩まされました。ほんと,大変でした。
- 焦らずにじっくり対応していきましょう。私たちも協力致します。

子どものいやいや期にずいぶん疲れている様子です。ずっと続くものではないと,保護者が安心できるような内容を伝えましょう。

- 甘えているので,厳しく叱ることも必要だと思いますよ。
- いやいや期はわがまま期でもあるので,言い聞かせるようにしてください。
- この時期の子育てはストレスがたまりますが,どの家庭でも経験することですよ。

「どの家庭でも経験する」など根本的な解決につながらない内容だけにせず,保護者の悩みに的確な返答を心がけましょう。

連絡帳はこう書いてみよう！

　○○ちゃん,いやいや期に突入しましたね。お疲れ様です。これは,どの子どもも通る道です。大変と思いますが,焦らずにじっくり対応していきましょう。私たちも協力致します。
　ちなみに,この時期はずっと続くわけではありませんので安心してください。対処法は,①子どもの話をしっかり聞く,②具体的に説明する,③伝え方に変化をつける,④子どもの気分をのせる,など様々にありますので,ぜひ試されたらいかがでしょうか。

年齢別 **園での生活**

0歳

室内遊びの様子

毎日の室内遊びの時間。
外遊びとは違った成長がある場です。

書き方ポイント

子どもの様子のここに注目！

　この時期の発達の特徴を「何ができるか」の観点から整理すると，
① 　出生から3カ月の時期は，「目でモノを追う追視がはじまる」「仰向けの姿勢で顔が左右のどちらかを向き，顔が向いた側の手足が伸展する」他，
② 　3カ月〜6カ月では「自分の意思で手足を動かす」，「親指が外に出ておもちゃを握れる」「左右180度まで追視ができる」，
③ 　6カ月〜9カ月になると，「すりばい，よつばいなどで移動できる」「両手で体をささえてお座りできる」，
④ 　9か月〜12カ月では，「よつばいや高ばいで自由に移動し，階段の上り下りもできる」「お座りの姿勢から，つかまり立ちをはじめ，しばらく立っていられるようになる（伝い歩きができるようになる）」
と発達していきます。

　この時期には固定遊具で遊ぶのではなく，保育者と子どもが体を密着させて遊ぶことが期待されるので，その時々にどういった反応が見られたのか，注目し，保護者へ伝えるようにしましょう。

- 手遊び歌のとき，笑顔で体を動かしてくれました！
- 興味深そうに積み木を触ろうとしていました。感動です！
- ○○ちゃん，自分でいろんな工夫をして遊んでいます！

0歳は様々なことを吸収しようとする時期になります。手遊び歌のときの様子などは些細な変化も丁寧に伝えるようにしましょう。

- 手遊び歌のとき，無表情でした。
- お友達は積み木で遊んでいるのですが，○○ちゃんはまだできないようです。
- 集団が苦手のようでいつもひとりで遊んでいます。

できなかったと伝えるのではなく，どこまでできるようになったかを伝える内容にしましょう。

連絡帳はこう書いてみよう！

　○○ちゃん，手遊び歌のときは本当に毎回嬉しそうですよ。歌と手遊びに合わせて「あ～，う～」等の声を出しながら，笑顔で体を動かしてくれました！

　それから，なんと今日は積み木に興味しんしんでした。感動です！○○ちゃんの新しいことに挑戦する気持ちを大切にしたいと思っています。

　新しい発見があり次第，どんどんお知らせしますね。

保護者と心が通じる！　連絡帳の書き方ポイント＆文例集

0歳

屋外遊びの様子

屋外遊びは，自然や季節を五感で触れる貴重な体験です。

書き方ポイント

子どもの様子のここに注目！

　0歳の屋外遊びは①出生から3カ月，②3カ月～6カ月，③6カ月～9カ月，④9か月～12カ月で分けてみた方がよいでしょう。

　①は外気浴・日光浴を楽しむ，②③④は自然や季節を視覚・聴覚・嗅覚であじわう，ことが保育のねらいとなります。

　特に②③④では，子どもと保育者が自然や季節をあじわうことを共感することが求められます。②では，ベビーカーでの屋外遊びが中心になりますが，③④になると，ベビーカーに加えて，バギーやおんぶや抱っこでの屋外遊びになります。

　このように，成長・発達に応じて0歳との屋外遊びの関わりは異なってきます。0歳の後半あたりになると，柵につかまりながら立ったり，「ばいばい」と手を振ったり，ほしいものや見つけた物に指差しで知らせる，といったことができるようになります。

　子どもの外の世界での様子，成長具合を伝えましょう。

はなまるワード

- お外での活動は少し苦手なようですが「お外は気持ちいいよ」などと声かけをすると嬉しそうに「あ〜」と応えてくれます。
- ベビーカーやバギーに乗るのはまだ不安そうですので、無理せず◯◯ちゃんが乗ってみたいと思うまで、抱っこでのお散歩を一緒に楽しんでいます。

子どもの気持ちに沿った対応を取っていることを伝えると、保護者も園に対して安心することができます。

NGワード

- お外に散歩に出かけようとすると泣きやまず、他の子と同じ活動ができず困っています。
- ベビーカーやバギーに乗るのを極端に嫌がります。以前事故などにあわれたことがあるのでしょうか?

ベビーカーやバギーを嫌がる子について、家庭が原因ではないのかと責めるような書き方はやめましょう。

連絡帳はこう書いてみよう!

　最近はお天気がいいので0歳児クラスも外遊びの時間を積極的にとっています。

　◯◯ちゃんも、外に出ることをとっても楽しみにしているようですが、いざ園を出ようとすると、泣いてしまうことが多いです。自分が不安であることを知らせてくれているのでしょう。

　ただ少し時間が経つと慣れてくるのか、「お外は気持ちいいね」などと声かけをすると嬉しそうに「あ〜」と応えてくれます。

0歳

行事の様子

行事で製作をする際には、指の発達を意識した活動にしましょう。

書き方ポイント
子どもの様子のここに注目！

0歳も後期になると、「親指と人さし指だけで細かいものをつかむ」「親指とそれ以外の指でものをわしづかむ」ことができるようになります。これらの特徴を活かした行事および行事の準備を考えることが保育者には求められるようになります。

例えば、「子どもの日」の準備として、こいのぼり形の色画用紙に手形を押したり、クレヨンで目を描いたりする、丸シールや足形を色画用紙に貼るなどです。これは子どもの成長記録として保護者にも喜ばれます。

また「敬老の日」の製作として、束ねた綿棒でポンポンとスタンプを押してフレームバッグを作ったり、「クリスマス」では、靴下の形をした色画用紙に綿や（切ってある）ビニールテープなどを貼ったり、ペンで色画用紙やテープに描いたり、などの製作活動が考えられます。

製作活動での子どもたちの様子を保護者に伝えるようにしましょう。

- こいのぼりに手形を上手につけました。
- 色画用紙に丸シールをかわいく貼りました。
- フレームバッグに束ねた綿棒でポンポンとうまくスタンプできましたよ。

後日製作物を保護者の方に渡したときの喜びが一層増すように，製作過程内でできたことを伝えていきましょう。

- タンポを押してお絵かきをしたのですが，不器用なのか色画用紙からはみだして色をつけていました。
- 1歳近くになっても，ものをうまくつかめず，製作活動を嫌がります。

不器用，1歳近くになっても，など保護者が不安に感じるようなマイナス表現は控えるようにしましょう。

連絡帳はこう書いてみよう！

　今日は「こどもの日」のための製作活動をしました。
　0歳児クラスではこいのぼりをつくったのですが，○○ちゃんはこいのぼりの色画用紙に，手形を押したり，仕上げの丸シールを貼ったり，とても楽しんで作業できていました。
　また，お友達がタンポをポンポン使っているのを見て，色紙の切れはしで見よう見まねで押す真似をしていました。「すごいね〜」と声をかけると，とっても得意げな顔でしたよ。

0歳
給食・お昼寝の様子

一人ひとりの子どもに合わせた昼寝時間が重要です。
給食では離乳食のトレーニングがはじまる時期でもあります。

書き方ポイント

子どもの様子のここに注目！

　この時期の昼寝の時間は，1回30分から1時間程度です。長くても2回で，3時間程度が目安となっています。しかし，1回で3時間眠る子どももいれば，3回昼寝をする子もいるなど，昼寝の時間と回数には個人差があります。普段から観察をして，一人ひとりに合った睡眠リズムを把握していくことが重要となります。

　また，15時以降に昼寝をしてしまうと，夜が眠れなくなってしまう可能性があります。そのため，午後からの昼寝は，12時から14時の間の時間にはじめるとよいでしょう。

　また，この時期は離乳食の進め方を意識する必要があります。離乳は家庭と連携しながら進めていくことが重要です。この時期の保育者の適切な関わり（配慮）が摂食機能の発達や食べ物への意欲を促進します。

　寝つきがあまりよくない，食欲がいつもよりない，など気になる点が見られた場合はその詳細を保護者に伝えるようにしましょう。

- ぐっすりと1時間眠ってくれました。ご家庭では規則正しい睡眠を意識されているのでしょうね。
- 離乳食を舌でつぶして食べられるようになりました！
- ○○ちゃん，スプーンを持ちたいという気持ちになってきたようです。

離乳食への移行やスプーンの使用など，様々なことに挑戦する年齢になります。些細なことでもできるようになったことは保護者にも伝えるようにしましょう。

- 1回に30分程度しか寝ません。更に，寝起きはとても機嫌が悪いです。
- ○○ちゃんは，寝起きはきまってキーキーと奇声を発します。
- 最近，スプーンやコップを持ちたがるのですが，上手に持つことができないのでとりあげると，大声で泣き叫びます。

お昼寝の時間などで何か普段と異なる場面にあった際には，ただ事実を伝えるだけでなく，次につながる改善策も添えて書くようにしましょう。

連絡帳はこう書いてみよう！

　○○ちゃん，今日もぐっすりと1時間ほど眠っていました。睡眠のリズムがいいのか，寝起きすぐでも機嫌が悪くなることもありません。ご家庭で，規則正しい睡眠ができるように生活リズムに気をつけておられるのでしょう。お仕事でお疲れのことと思いますが，大変すばらしいです。

　それから，離乳のトレーニングをしているのですが，○○ちゃんも，少しずつですが，離乳食を奥の歯茎でつぶして食べられるようになりつつあります。

0歳
保育者との関わり方の様子

1歳近くなると，理解できる言葉も増えてきます。

書き方ポイント
子どもの様子のここに注目！

　2・3カ月に発していた意味をなさない声から，4カ月を過ぎると意味をもたない喃語がしきりに出るようになってきます。特定の人が話しかけると，それに反応して喃語を発することがままあります。「すごいね」などとほめるとしきりに喃語を発するようになります。これは視覚的に言葉の学習をしている状態です。

　4・5カ月の時期には，感情の幅が広がってきます。本能的に人と触れあう機会を求めてにこにこ笑いかけたりします。人との触れあいを通して情緒が豊かになっていきます。その時期から少したつと，特定の人だけに愛想を見せるようになります。アタッチメント（子どもがある特定の人にだけ示す情緒的な結びつき）のはじまりです。10か月あたりになると，意味のない喃語から「まんま」といった意味を伴う初語を話すことができる子が出てきます。言葉の理解力が高まるにつれて，自己主張が強くなってきます。

　日中離れている保護者へ，園で話した言葉などを伝え，子どもの成長を一緒に感じられるようにしましょう。

- 喃語をよく発するようになったので「上手に話せたね」と言葉かけをすると，歌うように喃語を発してくれました！
- 走っている車を指差しながら「ぶーぶー」と言っていました。

保護者は日中子どもと離れているので，園で話せるようになった言葉は逐一伝え，一緒に成長を感じられるようにしましょう。

- 11か月になったにもかかわらず，まだ模倣行動ができないようです。
- おもちゃを使って遊ぼうとしたのですが，ほしいおもちゃがないとわかると，大声で泣きわめきました。
- 後追いが激しく，私は他の仕事ができません。

「自分の仕事ができない」など，子ども主体ではなく保育者主体のように感じられる言葉には保護者も不信感を抱きます。

連絡帳はこう書いてみよう！

　○○ちゃん，最近よく私の真似をしてくれます。手を上にあげると，同じようにあげてくれます。喃語もよく発するようになったので「上手に話せたね」と言葉かけをすると，素敵な笑顔を見せてくれました！

　また今日はお昼寝の時間に「ねんねしようか」と言って寝るジェスチャーをすると，一緒に寝るポーズをしてくれました。きっと体の力と言葉の理解力が育ってきたのでしょう。

1歳
室内遊びの様子

体のバランス感覚が発達し，手指の動きは更に細かくなります。

書き方ポイント

子どもの様子のここに注目！

　この時期になると，手指の動きは更に細かくなります。クレヨンを使う，積み木を上に重ねていくことも可能になってきます。また音への興味が高まってくる時期でもあります。

　クレヨンで線を描くとき，1歳後期になってくると，それまでの往復線からぐるぐると丸を描けるようになってきます。適切な描画材は，丸型・ブロック型クレヨン，水性フェルトペン，タンポなどです。大きな紙にみんなで楽しく描くことが重要です。思いっきり腕を動かして自由に描けるように環境を整えましょう。

　運動では，ボールを追いかけるなどバランス感覚が発達してきます。足でボールを蹴って前に転がしたりすることもできるようになってきます。的にめがけて蹴るなど，コントロールする力も芽生えてきます。

　クレヨンでのお絵描き，ボール遊び，積み木遊びなど，子どもの元気に遊ぶ様子と何ができるようになったのかを伝えるようにしましょう。

- 力いっぱい描いていたお絵描きから，うまく力加減ができるようになり，ゆるい線も描けていました。
- 積み木を3個以上積み上げていましたよ。
- 自分でボールを転がし，そのボールを追いかけてつかむことができました！

様々な道具を使えるようになる年齢です。子どもが初めて触れる道具があった際にはどんな様子で使用していたのか，伝えましょう。

- 自分が転がしたボールを追いかける途中，まえのめりになって倒れました。
- お出かけ遊びで，私が「バイバイ」というと大泣きしました。
- 買い物ごっこでは，紙製のかばんをわざと破って楽しんでいます。

遊びの際に倒れてしまうなどの事故があった場合は，けがの状況やその後の経過についても丁寧に書くようにしましょう。

連絡帳はこう書いてみよう！

　今日は，エアパッキンを使って「ふわふわ遊び」をしました。踏んだときの柔らかい感触が○○ちゃんも気に入ったのか，「ふかふかだね」と声かけをすると，嬉しそうにエアパッキンの上を歩きまわりました。倒れずに頑張って歩いていましたよ。
　それから歩くときに手を上にあげたり下げたりしていました！　バランス感覚が育ってきているようです。

1歳

屋外遊びの様子

この時期，下半身に筋肉がついてくることにより，ひとりで歩くことができるようにもなります。

書き方ポイント

子どもの様子のここに注目！

　1歳半頃になると，ひとりで歩けるようになってきます。最初はゆっくりと両手を広げてバランスをとりながら大きな歩幅で歩きますが，月齢が進むにつれて，両手を下げて小さな歩幅で歩くことができるようになります。下半身の筋肉が発達してきたことが要因です。この時期からは平坦でない道歩きにもチャレンジさせます。もちろん，保育者は子どもが転倒しないように援助することが重要となります。

　またこの時期，体型に変化があらわれはじめます。下半身に筋肉がつくため「つかまり立ち」「伝い歩き」「ひとり歩き」ができるようになるわけです。保育者は片づけを一緒にしたり，服の着脱を教えはじめたりするとよいでしょう。加えて，イメージ力や記憶力が身につきはじめるため，「ごっこ遊び」や「見立て遊び」ができるようになってきます。

　歩けるようになり子どもたちの行動範囲はぐっと広がります。初めて経験すること，気づいたことを伝えましょう。

- 今日は遊んだおもちゃの片づけを手伝ってくれました。
- 散歩先の公園の斜面を一緒に歩きました。一歩ずつバランスをとりながらてっぺんまで歩ききりました！
- 園庭の砂場で山をつくったのですが、そのときにバケツに砂を入れて運んでくれました。

多くの子どもたちの行動範囲が広がります。屋外遊びの際にも子どもが主体的にできるようになったことなどを伝えましょう。

- ボールを追いかける途中，お友達にぶつかって軽く打撲をしました。
- 砂場で山をつくっていたのですが，「山を高くしよう」と言っても，もくもくと穴を掘り続けていました。
- ○○ちゃん，基本歩くことが嫌いなようですね。困っています。

歩くことが苦手な子どもについては「困ってます」と伝えるだけでは保護者の不安もあおることになるので控えましょう。

連絡帳はこう書いてみよう！

　今日は園庭の砂場でお山づくりをしました。○○ちゃん，一生懸命砂を盛り上げていました。
　「バケツに砂を入れて持ってきてね」って頼むと，バケツに砂をやまもり入れて，持ってきてくれました！
　「すごいね！」と伝えると，次は山がくずれないようにスコップで固めはじめました。
　体の動きをコントロールできるようになってきたようです。

1歳

行事の様子

子どもの発達の特徴を踏まえた行事を企画します。

書き方ポイント

子どもの様子のここに注目！

　この時期になると，原色以外の色が認識されるようになってきます。色彩の豊かな絵本の読み聞かせや，その他色を使った遊びや行事を取り入れ，色に積極的に触れさせるとよいでしょう。ただ，子どものなかには，色を識別するのが苦手な子もいますので，配慮は十分におこないましょう。

　また，音に対する興味も芽生えてきます。行事の練習・本番のなかで，いろいろな音を楽しめるような内容に工夫しましょう。

　加えて，自我が芽生え，何でも自分でやりたがる時期でもあります。そのため，自分の主張をすることが多くなります。保育者の手助けを嫌がる場面も出てきます。他の特徴として，①大人の言葉・行動を真似たがる，②喜怒哀楽などの感情が豊かになる，③物事を共通する特徴からグループ分けできるようになる，④見立て遊びやごっこ遊びをはじめる，などです。

　行事を企画する際にも，このような特徴を踏まえた行事を考え，子どもたちの反応に注目しましょう。

はなまるワード

- 節分のお面を紙皿と毛糸でつくったのですが，紙皿に毛糸をまるめたり，いろんな色を使ったりして個性豊かなお面ができましたよ。
- 鬼が出てくると泣いていましたが，泣きながらも頑張って鬼に豆を投げ返そうとしていました。

自我が芽生え，主体的に何でも取り組もうとする時期。ひとりでできた活動内容を伝えましょう。

NGワード

- 節分のお面づくりのとき，自分の指に（お面につける）毛糸をまき続けていたので「お面につけようね」と言葉かけをしましたが，こちらの話は無視してずっとまき続けていました。
- 鬼が出てくると泣きながら逃げ回ってパニック状態になりました。

行事でパニックになってしまう子どもは多いです。単に事実を伝えるだけでは保護者も不安を感じるだけです。

連絡帳はこう書いてみよう！

　おたよりでお伝えしていたとおり，今日は節分の行事をしました。
　まずお面づくりをしたのですが，○○ちゃん，お面につける毛糸を楽しそうに自分の指にまき続けていました。「指にまいたらどうなるのかな」などの好奇心が育ってきているようです。
　イベントではお兄ちゃんお姉ちゃんがふんする鬼が出てきたとき，びっくりしたのかはじめは泣きながら逃げ回っていましたが，徐々に慣れてきたのか，「おに，しょと」など投げるふりをして楽しんでいました。

1歳
給食・お昼寝の様子

歯での咀嚼，歯磨き，トイレなどのトレーニングをはじめる時期です。

書き方ポイント
子どもの様子のここに注目！

　離乳から普通食へ移行する時期になります。保護者と相談しながら普通食に切り替えていきましょう。「手づかみ食べ」から「スプーン食べ」に移っていく時期でもあります。その際，「遊び食べ」や「食いむら」が多くなります。注意しなければならないのは，食べること自体が嫌いにならないよう，無理に食べさせようとしないことです。

　この時期になると前歯や奥歯が生えはじめます。食事の後には歯磨きをするという習慣を体感させることが重要になってきます。自分で歯ブラシを持つことに慣れさせることからはじめて，保育者の歯磨きの様子を真似させたりします。排尿感覚が長くなってきたら，トイレに挑戦させましょう。保護者と相談することを忘れないようにしましょう。

　体力がついてくると同時にお昼寝の回数も減ってくる傾向にあります。ただ，この時期も個人差があるので園での生活の報告と合わせ，保護者とよく相談をしておきましょう。

- 「ゆっくり噛んで食べようね」と私が口をもぐもぐさせると，○○ちゃんももぐもぐと真似をしながら食べてくれました。
- はじめて園のトイレに座ってもらいました。「シーシー出るかな」と言うと，おしっこを出そうと努力していましたよ。

トイレトレーニングなどをはじめる時期です。保護者が気になることなので，園での援助の様子なども理解してもらいましょう。

- この時期になってもなかなか歯で噛めないようですね。ご家庭でも練習してくださいね。
- 歯磨きの練習をしようと，まずは歯ブラシを持つ練習をしたのですが，歯ブラシを渡すと何回も放り投げました。

歯磨きはこの時期から始める取り組みですが，うまくできない子どもの親にプレッシャーをかけるような言葉は書いてはいけません。

連絡帳はこう書いてみよう！

　給食の時間，私の真似をしてもぐもぐとおいしそうに食べてくれました。「上手に食べられたね」と言葉かけをすると，嬉しそうに最後まで食べ切りました。その後，歯磨きの練習をしたのですが，歯ブラシを持つのはまだ難しいようでしたので，無理をするのは控えました。また，最近おしっこの感覚が長くなってきましたので，トイレに座る練習をしました。おしっこはしませんでしたが，園の便器に座るのは嫌ではなかったようです。その後，ぐっすり1時間程度お昼寝をしました。

1歳

友達との関わり方の様子

この時期は自我の芽生えから，噛みつき行動が生じてきます。

書き方ポイント

:子どもの様子のここに注目！:

　この時期になると噛みつきが多く見られるようになります。これは，自我が芽生えはじめたため，自分の思いを表現したいにもかかわらず，うまくできないもどかしさから生じる行動と言われています。また自我の芽生えによる主張の激しさが子ども同士の関係性をぎくしゃくさせる要因になっています。

　「噛みつき」で特に多い事例はおもちゃや場所のとりあいです。例えば，「遊んでいたおもちゃをとられたために噛む」「遊ぼうと思っていた場所をとられていたので噛む」といった具合です。

　保育者は次の観点を意識する必要があります。それは，①未然・事前に防ぐ，②午前中の遊びを充実させる，③言葉で表現しようとする気持ちを育てる，④子ども同士のやり取りに関与する（とりもつ），などです。

　子ども同士のケンカで噛みつきが起きてしまった場合は，噛みついてしまった子どもの保護者にも，噛みつかれてしまった子どもの保護者にもその際の状況はきちんと伝えるようにしましょう。

はなまるワード

- 今日おもちゃのとりあいから，お友達に腕を噛みつかれました。噛みつきを防ぐことができず，申しわけございませんでした。
- お友達が電車ごっこするのを見て，「○○ちゃんも」と言って参加していました。

ケンカなどがあった際には連絡帳での謝罪と，その日，直接口頭でも説明するようにしましょう。

 NGワード

- ○○ちゃん，「貸して」と言ってお友達のおもちゃをとりあげたので，「いけません！」と強く叱っておきました。
- 嫌なことがあるとすぐに噛みつきます。指導しておいてください。

「指導しておいてください」と家庭に押しつけるのは園への不信感につながります。

連絡帳はこう書いてみよう！

　今日，おもちゃのとりあいから，お友達に腕を噛みつかれました。指導が届かず，申しわけありません。○○ちゃんは痛がってはいませんでしたが，噛みつかれた箇所には少し歯型がついています。すぐに消毒をし，冷やしました。噛みついたお友達のお母さんにもそのことを伝えますと「申しわけありませんでした」とおっしゃっていました。
　今後は未然に防ぐことができるように職員間で連携をとるなど，最善を尽くしてまいります。

2歳
室内遊びの様子

この時期になると手指操作や全身運動が発達してきます。

書き方ポイント
:子どもの様子のここに注目！:

　2歳になると，生理的機能の発達とともに，手指の操作や全身運動も発達してきます。子どもは，動きの「速い遅い」「強い弱い」がわかりはじめます。

　また，立体感や物の形が認識できるようになるため，目と手を協応させる遊びが可能になってきます。記憶力がアップするのもこの時期です。

　室内遊びの観点からは，①円や曲線をなぐり描きする，②はさみで紙を（形に沿ってではなく）自由に切ることができる，③積み木を4〜5個程度重ねることができる，④粘土を指先で変形させることができる，⑤輪投げ・ボウリングなどができる，ようになってきます。

　加えて，モノに対する所有欲が出てくるのもこの時期です。また，自我の拡大がはじまり，自分と他者が異なるものであるという認識が進んできます。そのため，自分の持ち物がわかるようになってくるのです。

　園で使用している子どものマークなどを保護者に伝えるのもいいかもしれません。

はなまるワード

- まねっこ遊びで，両手をチョキチョキとカニさんになりきっていましたよ。
- うさぎマークがついているものは○○ちゃんのものだとしっかりわかるようになり，自分でお道具箱から持ってきてくれるようになりました。

園で使用しているマークを伝え，お家での会話の種にしてもらうのもいいかもしれません。

NGワード

- ピアノに合わせてグーパー遊びをしたのですが，まだできないようです。
- 手遊び歌で遊んだのですが，私の真似ができませんでした。
- 3歳近くにもなってまだ折り紙の4つ折りができません。

できないことではなく，できるようになったことを中心に書きましょう。

連絡帳はこう書いてみよう！

　今日はCDの音楽に合わせてまねっこ遊びをしました。○○ちゃん，両手をチョキチョキさせてカニさんになりきっていましたよ。それから指でのVサインに薬指も使ってチョキチョキをはじめました。このアレンジ力に驚きです！

　○○ちゃんに「すごいね，カニさんもびっくりだね」と言うと，「ほんと（は），コレ」と言いながら2つの指でのVサインに戻しました。それから，カニさんのように横歩きも披露してくれました。感性ばつぐんでした！

2歳

屋外遊びの様子

3歳に近づいてくると，筋力が更に鍛えられてくるため，いろいろな屋外遊びが可能になってきます。

書き方ポイント

子どもの様子のここに注目！

2歳半を過ぎてくると，腕の筋肉が強くなり，ボールを上から投げられるようになってきます。また腕を左右交互に曲げたり伸ばしたりできるようになり，鉄棒にぶら下がる時間も長くなります。

加えて，曲線に沿って歩く，飛び石を渡る，バックをするなど複雑な歩き方ができるようになります。全身を使って走ったり，「とまれ」という指示にも応えられるようになってきます。

また，蹴る力や両足で踏み切る力が育ってきます。それにより，三輪車にまたがる，地面を蹴って進む，ハンドルを操作する，などができるようになってきます。

家庭での遊びでも活かしてもらえるように，園でできたこと，まだ苦手としていることを保護者へ連絡しましょう。

はなまる ワード

- 園庭の砂場につくられた山のてっぺんまで走って登りました。
- 三輪車にまたがり，地面を蹴って進むことができました！
- ボールを片手で持ち，上手投げをしてボールを私に渡してくれました。

筋力がついたことにより，走る，三輪車に乗る，ボールを投げる等様々なことができるようになります。保護者にもその成長を伝えましょう。

NG ワード

- 三輪車にトライしたのですが，自分でまたがることができませんでした。
- 園庭で，横歩き，後ろ歩きの練習をしたのですが，○○ちゃんにはまだ早いようです。
- リボンのしっぽ取り追いかけっこで，勝ち負けに執着しすぎていました。

苦手としていることを伝える際には併せて改善策も伝えましょう。できないことを羅列するだけでは保護者も子どもの成長に不安を感じます。

連絡帳はこう書いてみよう！

　リボンのしっぽ取り追いかけっこをしたのですが，○○ちゃん，リボンのしっぽ取りに夢中になっていましたよ。お友達としっぽをとりあうことに興味しんしん。時々，しっぽをお友達ととりあうことを忘れて，走り回って遊んでいました。
　「なかなかとれなかったけど，頑張ったね」と言うと「楽しかった」と答えてくれました。
　勝ち負けより，全身を使っての追いかけっこの楽しさを味わってもらえたようでした。

2歳

行事の様子

子どもの心身の発達の特性を活かした行事が期待されます。

書き方ポイント

子どもの様子のここに注目！

この時期になると，手指の動作が巧みになります。シールやテープをはがしたり，貼ったりできるようになってきます。いろいろな形の台紙にシールや紙粘土を貼りつけるなどもできるようになります。

また，「見立て遊び」や「ごっこ遊び」が盛んになってきます。子ども自身，想像力やアイデアを用いて，粘土などの素材を変化させることができるようになります。保育者や動物などの真似をすることも好きになってきます。

行事では，このような発達特性を活かしたものを企画していく必要があるでしょう。例えば，①絵本の世界を「見立て遊び」や「ごっこ遊び」で再現する劇遊びをおこなう，②玉入れとしっぽ取りをミックスしたゲーム（「玉入れ～電車を追いかけろ～」など）をミニ運動会でおこなう，③動物の真似をしながら歌ったり踊ったりする，などが考えられます。

様々な取り組みをする中で子どもの苦手・得意を見つけ保護者へも伝えていくようにしましょう。

はなまるワード

- 電車玉入れで，お父さんと楽しそうに電車を追いかけていましたね。
- ○○ちゃん，三匹のこぶたの三男役を一生懸命演じました！
- お母さんと一緒に動物真似ごっこ，頑張りました。

想像力，表現力が増すこの年齢。子どもの豊かな取り組みの様子を伝える言葉で書きましょう。

NGワード

- 電車を追いかけるのはまだ無理のようですね。
- ○○ちゃん，うまく演じられなかったのかずっと泣いていましたね。
- お母さんにべったりで，動物の真似どころではなかったようです。

保護者の方が園にくる行事では子どもたちも緊張してしまいます。そんな発表会での失敗はマイナス表現しないようにしましょう。

連絡帳はこう書いてみよう！

　先週末はミニ運動会にご参加，ご協力いただき，ありがとうございました。お疲れではありませんか？
　準備運動のアンパンマン体操からはじまり，電車玉入れ，動物真似ごっこ，障害物競争，最後にエビカニックス……。会場内にたくさんの笑い声が響き楽しい運動会になりましたね。○○ちゃんもすべての競技に笑顔で参加していました。やはりお母さん（お父さん）と一緒にいろんなことをするのが嬉しかったのでしょう。次回はハロウィンのイベントを予定しています。是非ご協力ください。

2歳
給食・お昼寝の様子

いやいや期の年齢です。食に対しては好き嫌いが顕著になってきます。

書き方ポイント
子どもの様子のここに注目！

　この時期には，スプーンを持って上手に食べられるようになる子どもが増えてきます。また，食に対する好き嫌いが顕著になります。食べたくない食べ物に対しては，ストレートに「いや」と言いはじめます。食べる量が増えたり減ったり，などと個人差が出てくる頃でもあります。

　食事を楽しくとるために，テーブルを囲んで食べるなど，友達との一体感を意識した雰囲気づくりをしましょう。一体感をつくるための保育者の役割としては，①子どもの席を決めておく，②複数の子どもを同時にほめることによって子ども同士をつなぐ，などが考えられます。

　2歳頃になると，寝るときに特定のタオルや毛布を噛んだりして寝るなど子どもの癖が見えてきます。これは子どもが眠りに入るための儀式（就眠儀式）です。眠りに入るとき，子どもは理由もなく不安になるものです。ですので，無理にやめさせないことが重要になってきます。保護者が気にしている場合は，園での様子と併せて，今後の対処法なども伝えていきましょう。

はなまるワード

- お気に入りのぬいぐるみを抱いて，すやすやと気持ちよさそうに寝ていました。
- お友達と一緒に，嫌いなニンジンを一口食べてくれましたよ。
- 今日，盛りつけられた量をすべて食べてくれました。

好き嫌いを主張するようになり，家庭でも食事に悩む保護者は多いです。園での取り組みや様子を伝え安心してもらいましょう。

NGワード

- お昼寝のとき，いつも汚れたぬいぐるみと一緒に寝ます。持ってこさせないようにしてください。
- 食べる量が少ないので，少なめの盛りつけにしたにもかかわらず，食べきれませんでした。

子どもの癖を気にしている保護者は多いです。改善を求めるだけでなく，園としての改善策も一緒に考えるようにしましょう。

連絡帳はこう書いてみよう！

　いつも食べ残していたので，今日は調理員さんにお願いして少ない量にしてみました。その量がちょうどよかったのか，○○ちゃん，盛りつけられた給食をスプーンを使ってすべて食べてくれました。器に入ったごはんをすべて食べられたことに達成感を覚えたのか，嬉しそうでとても誇らしげでしたよ。
　お昼寝の時間では今日もお気に入りのぬいぐるみを抱いてすやすやと気持ちよさそうに寝ていました。

保護者と心が通じる！　連絡帳の書き方ポイント＆文例集

2歳
友達との関わり方の様子

この時期はとくに所有欲が見られるようになってきます。

書き方ポイント

子どもの様子のここに注目！

　自我が育ってくるにしたがって，所有欲が生じてきます。モノや人への執着心がいっそう強くなってきます。そして自分のものと他人のものがわかるようになってきます。そうなると，おもちゃのとりあいがはじまります。「モノのとりあいや場所のとりあい」は2歳児が最も多いといわれています。

　加えて，「気にかかる子や気の合う子」に限りますが，友達に関心を示しはじめるようになってきます。他人に関わろうとする気持ちが育ってくるからです。相手の気持ちを理解する機会となり重要です。保護者も子ども同士の関わりは大変気になると思われるので，ちょっとしたことでも伝えていきましょう。

　また，個人差はありますが，3歳に近づくにつれて3つ以上の言葉を使う「多語文」が話せるようになってきます。加えて「なんで？」の質問がはじまってきます。園であった質問を保護者に伝え，家庭での会話の種にしてもらうのもよいでしょう。

はなまるワード

- お友達と楽しそうにブロックを積み上げて遊んでいました。
- 最近,「なんで?」「どうして?」などとよく質問してくれます。探究心や好奇心が育ってきたようです。
- おもちゃのとりあいがあったので間に入りましたが,相手にゆずることができ解決しました。

子ども同士の関わりが気になる保護者は多いです。その日にあった印象的な関わりは是非伝えるようにしましょう。

NGワード

- 最近,「なんで?」「どうして?」などとしつこいくらい質問してきます。
- お友達が一緒に遊ぼうと思って○○ちゃんに近づいたのですが,○○ちゃんは逃げ出しました。
- おもちゃのとりあいが絶えません。我慢することを覚えてほしいです。

友達間のやり取りで保育者の目から見て気になった点があった場合は,連絡帳ではなく,直接伝えるようにしましょう。

連絡帳はこう書いてみよう!

　お友達とおもちゃのとりあいがありました。そこで,「○○ちゃんはこのおもちゃで遊びたかったのかな」「●●ちゃんもこのおもちゃで遊びたいんだよね」,「じゃあ一緒に遊んでみようか」と間に入ってみました。すると○○ちゃん,「これどうぞ」といって●●ちゃんに渡しました。●●ちゃんに「ありがとう,は?」と聞くと「ありがとう」と言うことができ,仲直りをしました。○○ちゃん,お友達の気持ちを受け入れられるようになってきたみたいです。

保護者と心が通じる! 連絡帳の書き方ポイント&文例集

3歳

室内遊びの様子

この時期の子どもは,「自分でやりたい」という自立心が芽生えてきます。

書き方ポイント

子どもの様子のここに注目！

3歳は,運動能力や平衡感覚が発達する時期です。それによりバランス感覚も身につきます。例えば,運動機能では前転（でんぐり返し）ができたり,平均台を渡れるようになってきます。また,指先の機能が発達して道具もうまく使えるようになってきます。描画では,顔を表現しはじめます。また箸が使えるようにもなったり,衣服の着脱も簡単なものなら自分でできるようになってきます。「～しながら～する」活動の挑戦がはじまる時期でもあります。もちろん個人差がありますが,保育者は遊びのなかでこれらの発達を育てていくことが重要です。

これらの発達の特性を活かした遊びを保育者は心がけることが重要となります。ただ,この時期は自我の発達を迎える時期でもあり,保育者の手助けを断ってひとりの力でやりとおそうとします。反抗的に感じることもありますが,子どもの頑張りを否定するような言葉かけはしないようにし,自尊心を傷つけないよう取り組んでいる旨も保護者へ伝えましょう。

はなまるワード

- お絵かきをしたのですが、丸や三角を描けるようになりましたよ。
- 的当てゲームをしたのですが、いろんな大きさのボールを使って当てていましたよ。
- 積み木で、今日は家がつくれるようになりました！

指先の発達から細かい作業ができるようになります。連絡帳でもつくったものやできたことを具体的に伝えるようにしましょう。

 NGワード

- 他の子は描けるのに、○○ちゃんはまだ丸や三角を描くことはできないようですね。
- 的当てゲームで、おもしろがってボールをお友達にも当てていました。
- 3歳だと積み木でいろんなモノをつくりはじめるのですが、○○ちゃんはまだできません。

子どもの成長は保護者が最も気になる点なので、安易にほかの子どもと比較するようなことはやめましょう。

連絡帳はこう書いてみよう！

　お絵かきで、○○ちゃん、丸や三角が描けるようになっていました。「○○ちゃん、すごいね」って言うと、次ははさみを取り出し、自分で描いた丸や三角の線に合わせて切ってみせてくれました。
　ふたつの動作が同時にできるようになってきつつあります。○○ちゃんの成長を強く感じた日でした。

3歳

屋外遊びの様子

この時期になると，走る，跳ぶだけではなく，木や鉄棒にぶら下がるなど身体制御が可能になってきます。

書き方ポイント
子どもの様子のここに注目！

　この時期は，基礎的な運動能力が身につく時期です。例えば，ケンケンをしながらの前進，急停止が可能になります。すべり台は，3歳にとって最適な遊具です。自分でスピードを調節しながらすべることができるようになります。ですから，身体機能を十分に活用して，屋外遊びの環境を設定することが重要になってきます。

　この年齢では，「ルールのある遊び」を通してルールを子どもに学ばせることが重要になってきます。保育者は楽しみながらルールを身につける遊びの内容を検討・企画しましょう。

　3歳半ばから後半には「順番待ち」というルールを理解してきます。ただ十分に理解できているわけではありません。問題が起こったときは，子どもたちでどうすべきかを考えさせる機会を設けることが重要です。保育園で決めたルールと，それにどう子どもが取り組んでくれているかなどを連絡帳にも記録していきましょう。

- 公園で草ずもう遊びをしました。○○ちゃん，最初はルールがわからなかったようですが，慣れてくるとどんな草を選ぶと切れにくいのか，などと好奇心旺盛でした。
- 今日は三輪車のペダルをこぎました！ 2メートルほど進みましたよ。

家庭でも同じ遊びに取り組めるように，どんなルールのゲームで遊び，そのときの子どもの様子はどうだったのかを合わせて伝えましょう。

- 草ずもう遊びの草探しが嫌いなようで，お友達が探した草をとりあげていたので，注意をしておきました。
- まだ三輪車は苦手なようですね。仲のよいお友達はみんなペダルをこいで楽しそうでした。

「注意をしておきました」だけでは冷たい印象を保護者は抱きます。そのとき・その後の子どもの様子にも触れ，読んでいて安心するような文章を心がけましょう。

連絡帳はこう書いてみよう！

　今日は，公園に行き，草ずもう遊びを楽しみました。
　ゆっくりとひっぱらなければちぎれてしまうこと，最初の草選びが重要なことなどを学んだようです。初めはルールがわからなかったようですが，何回かやってみるとどんな草を選ぶと茎が切れにくいか，と楽しそうに探していました。
　お友達との勝負も真剣でした。「負けたの？」って聞くと，「うん」と言いながら，また新しい草を一生懸命探していました。

3歳

行事の様子

行事を活用して，いろいろなルールを学べるようにします。

書き方ポイント
子どもの様子のここに注目！

　行事内容は，保育現場によって様々です。行事のメリットのひとつに，異年齢との交流があります。異年齢の子どもと触れあうことにより交流の場を広げることになります。また，子どもたちも「園所は楽しい場所」という印象をもつことができます。ただ，行事の時間が長すぎると子どもの集中力が続かなくなるので，行事の内容を工夫することが重要になってきます。

　行事は，遊びのときと同様に基本的なルールを覚える場としても活用できます。また，この時期の「物事の予測を立てられるようになる」という特性を活かしたイベントの内容を考えるのもよいでしょう。「自分でやりたい」「大人の手伝いを拒む」という傾向性も活用しましょう。「自分でできるんだ」という自信を育むために行事は大きな役割を果たすことになります。

　これまでと比べぐっと難しい内容に取り組むようになった子どもたちがどんな達成感やつまづきを感じたのか，子どもの成長のひとつとして保護者にも伝えましょう。

- 粘土を使ったキャンディづくりで，ペンでお絵かきしたり，毛糸をうまく貼りつけたりして，かわいいキャンディができました。
- ペットボトルのクリスマスツリーづくりでは，スズランテープを上手に使って完成させました。

後でお家に持って帰る季節の製作物は，その製作過程での様子を伝えることで受け取る際の感じ方が変わります。

- ハロウィンに向けてのキャンディづくりをしたのですが，○○ちゃんは飽きっぽい性格なので，完成させることができませんでした。
- ○○ちゃんは落ち着きがありませんね。お友達の作業の邪魔ばかりしていました。家庭でも指導してください。

うまく製作ができないことを，子どもの性格のせいにし，非難するような内容は保護者も不快に感じます。

連絡帳はこう書いてみよう！

　今日は，クリスマス会に向けて，ペットボトルでクリスマスツリーをつくりました。
　○○ちゃん，スズランテープを効果的に使って，かわいいツリーができあがりました。
　途中，何度か悩んでいる様子もありましたが，「ひとりでつくる！」と最後まで作成できました。
　「かわいくできたね」というと，「ママに見せる」と言っていました。ご家庭でもぜひほめてあげてくださいね。

3歳
給食・お昼寝の様子

この時期，食べ物に対して好き嫌いがはっきりと出てきます。

書き方ポイント
子どもの様子のここに注目！

　給食でいうと，この時期は子どもの好き嫌いがはっきりしてきます。ですので，この時間が「嫌な時間」にならないような配慮が必要になってきます。保育者は，嫌いなものを少量でも食べられるように，励ましていきましょう。例えば，一口食べるごとにしっかりとほめます。またこの時期は，箸が持てるようになってきます。ですが，うまく使えないとなると「にぎりばし」になってしまいがちです。保育者は，遊びのなかで箸でつまむ練習をとりいれたらよいでしょう。

　3歳になると，お昼寝（午睡）が必要な子どもと必要ではない子どもに分かれます。保育現場でも対応は様々だと思われます。ですので，一人ひとりの子どもの成長と発達を見据えた配慮が必要になってきます。

　保育現場でお昼寝をすることによって，家庭で夜の寝つきが悪いようでしたら，午睡を卒業してもよいでしょう。いずれにしても，子どもに合った昼寝のとり方を考える必要があり，その旨保護者へも連絡するようにしましょう。

はなまるワード

- ○○ちゃん，苦手なニンジンを頑張って食べてくれました。練習中のお箸も，少しずつものを落とさず口に運べるようになってきています。
- 今日は一日元気いっぱいだったため午睡をとっていません。○○ちゃんの体調にあわせて園でも調整していこうと思います。

午睡の有無は体調に関わることなのでいつもと変わったスケジュールだった場合は漏らさず伝えましょう。

 NGワード

- ○○ちゃんは，まだまだにぎり箸です。ご家庭でもご指導ください。
- 給食の時間になるときまって泣きだします。嫌いなものが多すぎるのが原因だと思います。

園での問題行動は家庭でも同様のはず。保護者もわかっていることを指摘されると，責められていると，不快に感じます。

連絡帳はこう書いてみよう！

　○○ちゃん，まだ今は少しずつではありますが，給食の時間に嫌いなものでも食べるようになってきました。
　体の成長のことを話すと「大きくなるになるために食べるよ」と言って食べてくれるようになりました。「食べる」という意味を少しずつ理解しているようです。
　最近はお箸もずいぶん上手に使えるようになってきています。お家でもぜひほめてあげてください。

3歳
友達との関わり方の様子

この時期になると，仲のよい友達ができはじめます。

書き方ポイント

子どもの様子のここに注目！

　この時期になると，自分を「ボク」「ワタシ」と認識し，（そのように）表現するようになります。また一方的な自己主張が見られる時期でもあり，反抗期と呼ばれることもあります。

　一方で他者を受容する気持ちも生じてきます。また，好きな友達ができるのもこの時期です。友達との貸し借りや順番交代などができはじめます。更に，自分がしたいことと，しなければならないことがわかりはじめる時期でもあります。しかし，うまく自分の気持ちをコントロールできないため，友達に感情的になったり，攻撃的になったりすることもあります。

　体の発達には個人差があるので，それが原因となって優越感や劣等感が育つおそれがあります。その際，同年齢保育よりも異年齢保育による交流が効果的です。というのも，相手が自分よりも年上であれば行動や態度のお手本となり，年下のときは，自分が面倒をみなければならないという自覚が生まれるからです。同年代だけでなく，異年齢との関わり方にも注目していきましょう。

はなまるワード

- 年上のお友達の真似をして上手にダンスをしていました。
- 運動会の練習のときに、「こっちこっち」などと年下のお友達の面倒を優しくみてくれました。
- 仲のよいお友達とひとつのおもちゃを使って楽しく遊んでいましたよ。

異年齢との関わりのなかで少しお姉さん、お兄さんになった子どもの姿を伝え、普段は気づかない新たな成長を感じてもらいましょう。

NGワード

- お友達とおもちゃのとりあいをしたのですが、○○ちゃんは最後まで自分が悪くない、と言い張りました。
- ○○ちゃんは3歳にもなって、まだひとり遊びばかりしています。

「ひとり遊びばかりを……」など聞くと子どもは園が楽しくないのではないかと保護者は不安に感じます。

連絡帳はこう書いてみよう！

　運動会のダンスの練習のときに、年上のお兄ちゃんの真似をしてうまく踊っていました。それから、年下のお友達には、踊り方を教えていましたよ。
　また、どこに行ったらよいかわからず困っていた年下のお友達にも「こっちこっち」と優しく行き先を教えてくれていました。○○ちゃん、すっかりお兄ちゃんになりましたね。
　これからの育ちがますます楽しみになってきました。

保護者と心が通じる！　連絡帳の書き方ポイント＆文例集　111

4歳

室内遊びの様子

この時期になると，全身のバランスをとる能力が発達し，体の動きが巧みになります。

書き方ポイント

子どもの様子のここに注目！

この時期には，全身を使う運動ができるようになってきます。スキップの練習をはじめたり，ケンケンができるようになってきます。歩行がさらにしっかりした足取りになり，走る速度も増してきます。走る際のスピードの上げ下げ，カーブを曲がることができるなど，なめらかなランニングフォームになっていきます。バランス感覚も発達し，手すりにつかまらずに階段を片足ずつ交互に降りることもできるようになってきます。

また，この時期には，絵を描きながらおしゃべりをするなど，2つのことが同時にできるようになってきます（「〜しながら〜する」という行動）。

発達の中で自分と他者を比較する気持ちが生じ，また知的好奇心も旺盛になってきます。そのため，「他の人に変に思われたくない」という他者の目を気にするという「自意識」が生じてきます。この時期はとくに「ほめられる」ことに敏感になります。

はなまるワード

- 描く内容を説明しながらお絵かきができるようになってきましたよ。
- はさみを使ってキャラクターをうまく切り取ることができました！
- 自分の判断でトイレに行くことができるようになりました。

はさみをどう使うのか，遊びの最中にトイレに行くのか，行かないのか等自分で考え，判断できるようになった自意識の発達について伝えましょう。

 NGワード

- お絵かきがうまくなりましたね。
- はさみの使い方が上手になりました。
- 今日やっと自分の判断でトイレに行けるようになりました。

「やっと」という一言がついただけですがこれがNG。これまで失敗が多かったことを気にする保護者もいるので，些細な言い回しには注意しましょう。

連絡帳はこう書いてみよう！

　今日は，みんなでお面をつくりました。
　○○ちゃん，お絵かきしたものをはさみを使って切り取ったのですが，上手に切り取ることができていましたよ。それから，お面のキャラクターについて，「これはねこちゃん。だからおひげがあるの」など描く内容を説明しながらお絵かきができるようになってきましたよ。
　知っている言葉やイメージが増え，最近はいろんな事を教えてくれます。

4歳

屋外遊びの様子

友達と一緒に遊ぶ喜びを知ると同時に，トラブルやケンカが増える時期でもあります。

書き方ポイント
:子どもの様子のここに注目！:

4歳になると，全身を使う「粗大運動」が思いっきりできるようになってきます。基礎体力が高まる時期でもあります。全身をうまく使えるので，すべり台，鉄棒，竹馬，ジャングルジムなどの遊具も楽しめるようになってきます。

並行遊び（同じ場所にいながらそれぞれがひとり遊びを楽しむこと）よりも，お友達と遊ぶのが楽しいと感じはじめます。
そのためこの時期の屋外遊びには，「集団における遊びのなかでの仲間づくり」を意識した活動を取り入れるとよいでしょう。言葉が発達してお友達とコミュニケーションがとれるようになることにより，遊びがいっそう楽しくなるのです。

簡単なルールの遊びを数多く取り入れ，子どもがどう取り組んでいるのか注意してみるようにしましょう。

- ○○ちゃん,「ぼくもこのボールで遊びたいけど,貸してあげる」と言ってお友達にボールを渡しました。
- 走っていて倒れたのですが,お友達に立つのを手伝ってもらったとき,○○ちゃん,「ありがとう」ときちんと感謝の気持ちを伝えていました。

ルールを守る,など集団活動の基本が身につきはじめる時期です。子どものよかった点を伝え,「家庭でもほめてくださいね」等一言添えましょう。

- ○○ちゃん,ひとりでボールを使って遊んでいました。お友達もボールで遊びたかったみたいです。
- お友達に「ありがとう」を言うのが苦手なようです。ご家庭でも指導してください。

仲よしの友達ができはじめる時期,保護者もお友達とどういった遊びをしているのかは気になるところ。マイナス面ばかりを伝えるのは控えましょう。

連絡帳はこう書いてみよう!

　今日の午後の外遊びでは園庭を走っていて倒れてしまいました。幸いけがなどはまったくありませんでしたが,その際にお友達に立つのを手伝ってもらい,「ありがとう」としっかり感謝の気持ちを伝えていました。
　また○○ちゃん,園庭でお友達と遊んでいるとき,「ぼくもこのボールで遊びたいけど,貸してあげる」と言ってお友達にボールを渡していました。○○ちゃんの成長が強く感じられる日でした。

4歳

行事の様子

4歳にもなると,「〜しながら〜する」という二種類の動作が可能となります。この特性を活かした行事および準備を意識します。

書き方ポイント

子どもの様子のここに注目！

室内遊びのページ（P.112）にも書いた通り，この時期は,「〜しながら〜する」遊びができるようになってきます。これまでは，別々にしかできなかった2つの異なる動作を同時にできるようになります。

また，全身のバランスをとる力が発達し，巧みに体を動かせるようになる時期でもあるので，行事もその特性を促進する内容にすることが期待されます。

「〜しながら〜する」動作ができるようになるため，行事などでも，曲に合わせたダンスなどが可能になります。行事の準備段階では，はさみを使って衣装をつくり，その衣装を用いたダンスを保護者に披露するなど組み合わせていくとよいでしょう。

発表会までの報告は保護者も毎日の楽しみになるでしょう。

はなまるワード

- ○○ちゃん，踊ることが大好きなようで，振り付けなどでも積極的に手伝ってもらっています。
- ○○ちゃんは細かいところにも気がついてくれるので保育室の飾り付けの準備などでもとても頼りになりました。

保護者の発表会への期待がますように，練習や準備の過程での成長を伝えましょう。

 NGワード

- 踊りが好きなのはわかりますが，こだわりが強く他の子とけんかしてしまっています。
- 他の子はほとんど覚えているのですが，○○ちゃんだけなかなか踊りが覚えられずにいます。

踊りが苦手，こだわりが強い，などの子どもの個性はプラス表現で伝えましょう。

連絡帳はこう書いてみよう！

　発表会の練習もいよいよ終盤です。○○ちゃん，得意なダンスを最後の最後まで一生懸命練習してくれています。振り付けなども「こうしたほうがいいよ！」と積極的に提案してくれるのでとても助かっています。また，室内の飾り付けの準備も細かいところまで気がついてくれるのでとても頼りになります。「きれいにできた」など，いきいきしてつくってくれています。

　発表会，お母さんもぜひ楽しみにしていてください。

4歳

給食・お昼寝の様子

手先が器用になり，箸で食べることができるようになってきます。

書き方ポイント

:子どもの様子のここに注目！:

この時期になると，手先が器用になり，指先を思い通りに動かせるようになってきます。ですので，箸で食事をするような機会を多く設けていくとよいでしょう。

箸の持ち方についての保育者の援助（指導）の基本スタンスとしては「一対一で丁寧に」です。箸の持ち方には，個人差があるため，一斉に導入するのは困難です。つまみやすい食べ物からはじめるのがよいでしょう。いずれにしても，無理強いは禁物です。

4歳になると，午睡の時間を設けるか否かは保育現場の裁量になります。4・5歳は午睡をとらない園も増えてきています。

今までの午睡の時間に新たな学びの時間を組み入れる等，園の方針にあわせたスケジュールを組みましょう。また，そこで得た学びについては保護者へもしっかりと報告していきましょう。

- ○○ちゃん，おおきなモノなら上手にお箸でつかめるようになりました。
- まだお箸でものをつかむことは苦手なようなので，ピンセットであけ渡しの練習をしました。一生懸命頑張っていましたよ。
- お箸1本で，はさんだお箸を上下に動かすことができました！

苦手な箸使いの練習のために園でどういった取り組みをしているのか伝えると家庭でも取り組みやすく，保護者も助かります。

- 他のお友達は，小さなものまでお箸でつかめるようになっています。
- 3歳のお友達とピンセットであけ渡しの練習をしました。
- お箸1本を上下に動かすことも，まだできないようです。

「下の年齢の子どもたちと練習」という内容は子どもの成長が大幅に遅れているのではないかと保護者を不安にさせてしまう可能性があります。伝える際には配慮するようにしましょう。

連絡帳はこう書いてみよう！

　今日はクラスでお箸の持ち方を練習しました。○○ちゃん，お箸を使うことはまだ苦手なようでしたので，はじめはピンセットを使って，ものを運ぶ「あけ渡し」をしました。
　「できたできた」と，すぐにできるようになったので，「今度はお箸を使ってつかんでみようか」というと「うん，やりたい」と積極的に箸を使った練習をしました。最後にはすこし小さなブロックをつかめ，自信がついたようなのでお家でもぜひ挑戦してみてください。

4歳

友達との関わり方の様子

この時期になると，人間関係では，少しずつ自分の気持ちをおさえることができはじめます。

書き方ポイント
:子どもの様子のここに注目！:

4歳前後は，対人関係が大きく発達する時期です。この時期になると，他者の気持ちを理解しようとします。友達と協調して遊ぶことはできますが，競争心も強くあらわれてくる時期でもあります。「だって〜だから」と根拠（理由）を示して自己主張したり，「〜だけれども」などと内面的なコントロールをはじめます。自制心が形成されてくるのです。

また，言葉への関心が高まる時期でもあります。自分の思っていることを人に話すことができるようになります。保育者は，言葉のおもしろさが感じられるような保育活動を意識していきましょう。

注意しなければならない点として，この時期は汚い言葉も覚え好んで使いはじめます。これも言葉を伝えようとする際，誰でも（子ども）が通る道です。

ただし，公共の場等で使ったときは，毅然とした態度で使ってはいけない旨を伝え，保護者にも協力を求めましょう。

はなまるワード

- 「先生，△△ちゃんが嫌なこと言った」と言ってきたので，「そうなの？　よく我慢したね」と声かけをし，その後は注意して見守りました。
- ○○ちゃん，最近意思表示をはっきりするようになり，感情表現が豊かになってきました。

子どもは嫌なことは保護者になかなか話そうとしません。子どもが親に伝えられないことの橋渡しの役割になりましょう。

NGワード

- 「先生，△△ちゃんが嫌なこと言った」と言ってきたので，「○○ちゃんだって嫌なこと言うことあるでしょ？」とさとしておきました。
- ○○ちゃん，言い争いからお友達をたたくようになり，自分の意見が通らないと，きまって泣きます。

子ども同士のやり取りにどう保育者が入ったのかを書く際に，保育者としてのやさしさ，温かさを感じさせないものはNGです。

連絡帳はこう書いてみよう！

　○○ちゃんは最近，感情表現がぐっと豊かになってきました。意思表示もはっきりとするようになってきましたよ。

　今日もおもちゃのとりあいでお友達ともお互いの思いをぶつけ合いました。しかし，少しずつですが自分の感情をおさえられるようになってきました。

　○○ちゃんもお兄ちゃんの自覚が出てきていますよ。

5歳

室内遊びの様子

　この時期には，箸・鉛筆・クレヨンなどをうまく使えるようになってきます。

書き方ポイント

子どもの様子のここに注目！

　この時期になると，指を1本ずつ折り曲げられるようになってきます。具体的には箸・鉛筆・クレヨンなどをうまく使いこなし，ピンセットで細かいものをつまんだりすることができます。もちろん，ボタンのかけ外しもできるようになってきます。文字への興味が高まり，新しい言葉をどんどん覚えはじめます。「しりとり」もできるようになります。

　またこの時期におこなう材料や道具の使い方の指導法ですが，見本を示してその通りにつくるという指導はおこなわず，「つくる楽しさ」に没頭できるように環境を整えるとよいでしょう。

　子どもは自分がつくりたいものをつくりはじめると，思い思いに様々な材料を組み合わせて，いろいろな立体の作品をつくり上げていきます。

　保育者は，子どもの工夫を受けとめて，共感する姿勢が重要になってきます。

はなまるワード

- 最近の○○ちゃんはしりとりが大好きなようです。ずいぶんたくさんの言葉を覚えましたね。
- 手先が器用な○○ちゃん，ものづくりは得意なようで，自分なりの工夫をこらして一生懸命取り組んでいますよ。

「○○をつくりました」だけではなく子どもが自分なりに工夫した点などがあれば，あわせて伝えるようにしましょう。

 NGワード

- 最近クラスでしりとりブームが起きているのですが，○○ちゃんはまだできないようでひとりでよく遊んでいます。
- オリジナリティを出すのが苦手なのか，ものづくりではいつも見本通りのものしかつくれません。

この書き方ではオリジナリティのない子どもに問題があるように読み取れてしまいます。ネガティブな表現はポジティブなものへと変換して書くよう心がけましょう。

連絡帳はこう書いてみよう！

　今日の自由遊びの時間は，室内で人形づくりにみんなで取り組みました。○○ちゃんは，見本の形にとらわれず，自分なりのアイデアを活かしたものに仕上げましたよ。○○ちゃんらしい，とてもオリジナリティあふれるクリエイティブな人形ができました。
　「素敵なアイデアだね。すごいね」と伝えると，人形を見せてくれながら，工夫したポイントやイメージを一生懸命教えてくれました。

保護者と心が通じる！　連絡帳の書き方ポイント＆文例集

5歳

屋外遊びの様子

5歳にもなると，全身を使った運動機能が発達してきます。

書き方ポイント
子どもの様子のここに注目！

　5歳になると，これまでにも増して運動機能が発達してきます。走り方にも安定感が出てきはじめ，個人差はありますが，スキップもできるようになってきます。平衡感覚の発達も進み，竹馬，一輪車，ブランコの立ち乗り，ジャングルジムの頂上に立つ，三輪車をこぐ，などができるようになります。
　また，目と手足の協応が発達することにより，ボールの扱いもうまくなります。サッカーやドッジボールなど，チーム運動も楽しむことができるようになってきます。

　運動遊びの活発化によって，友達との共通の体験を通して仲間意識が芽生えることにより，協調性が育ってきます。集団ゲームでのルールの共有によって，遊びや仲間とのつながりが深まります。屋外で遊ぶなかでの様々な取り組み・人との関わりについて記録するようにしましょう。

- 一生懸命練習をしてきたせいか，スキップができるようになりました。
- 鬼ごっこをしていたのですが，みんなでルールを確認しあうなど，協調性が育ってきたみたいですよ。
- 今日は楽しそうにお友達と立ちブランコをしていました。

集団行動にも慣れ，遊びのなかでも協調性が育まれつつあることを保護者と共有するようにしましょう。

- ○○ちゃんはまだスキップができません。
- 集団遊びではルールを守ろうとしません。
- そろそろ，お友達と楽しく活発に園庭で遊んでほしいです。

加齢にともない，個人差や個性が目立つようになります。できないことを責めるような書き方は保護者の不安をあおり，更に追い込んでしまいます。

連絡帳はこう書いてみよう！

　○○ちゃん，園庭での遊びは積極的ではなかったのですが，今日はお友達が遊んでいるところを楽しそうに見ていました。
　また，保育室内でご機嫌にスキップしている姿も見られたので，「今日はお外でスキップしてあそんでみる？」と聞いてみたのですが「あしたにする」と答えてくれました。
　無理強いはせず，○○ちゃんのペースにあわせて見守っていきたいと思います。

5歳

行事の様子

キーワードは，役割分担，仲間意識です。

書き方ポイント
:子どもの様子のここに注目！:

　この時期には，友達と一緒にそれぞれの役割を楽しめる遊びを，保育者は意識する必要があります。

　例えば，行事で劇などをする場合では，必要な役割をストーリーや状況から考えるようになってきます。保育者は，その子どもに応じた役になって一緒に取り組み，次第に友達同士で楽しめるように配慮することが重要です。

　またこの時期には，少し先を見通しながら仲間と一緒に目的をもって活動できるようになってきます。仲間意識で新たな目標ができ，集団としての機能が高まってきます。つまり，仲間と一緒につくり上げる活動が可能となってくるのです。

　行事の取り組みのなかでみられた友達とのやりとり，子どもの成長を連絡帳でも伝えましょう。

はなまるワード

- お友達と一緒になって劇の配役をきめてくれました。
- お友達と話し合いながら劇の準備を進めてくれました。
- みんなで行事をつくりあげようとする気持ちが強いです。

劇のセリフを覚えたり，お友達と協力して準備を進めたりと，保育者から徐々に自立して物事を進められるようになりつつあることを伝えましょう。

NGワード

- 劇の発表で与えられた役が好きでなかったのか，ふてくされていました。
- ○○ちゃん，協調心が育っていないようです。
- みんなでつくっていく，という意識が低いようです。

行事を進めるなかで何かトラブルがあった場合は事実のみを伝えるのではなく，その場での対応，その後の子どもの様子などにも触れましょう。

連絡帳はこう書いてみよう！

　今日の劇，○○ちゃん頑張ってくれました。必ずしも自分が好きな役ではなかったようですが，とても一生懸命演じてくれました。

　準備段階ではお友達に自分の気持ちをうまく伝えられずつらい思いをしていたようですが，諦めずに自分の気持ちを伝えようと頑張っていました。

　劇が終わったあと，緊張がとれたのが私の方に走ってきたので，抱きしめながら「よく頑張ったね」と伝えました。

保護者と心が通じる！　連絡帳の書き方ポイント＆文例集

5歳

給食の様子

給食を通して，いろいろな学びがあります。

書き方ポイント
子どもの様子のここに注目！

　この時期になると，「自分が役に立っていること」を手伝いを通して実感するようになります。例えば給食後の後片付けの手伝いでは，毎日同じ仕事をやっていると，やがて子どもは効率よくできるようになってきます。工夫するようになるのです。心の成長を意識する上でも手伝いは大切です。そこで，何か一つ仕事を決め責任をもたせるのもよいでしょう。そして頼んだ後，保育者は子どもに「ありがとう」「助かる」など感謝の気持ちを伝えましょう。

　また，保護者の協力を得て，家庭で家事手伝いをするのもよいでしょう。自分は家族の役に立っていると感じるようになります。

　5歳頃は，身体の自己管理（基本的な生活習慣の確立）を目指す時期でもあります。この時期は，一日の生活を見通すことができるようになり，手洗い，食事，排泄，着替えなど，生活に必要な行動がひとりでできるようになります。自分自身の身体も大切にするという意識も芽生えさせたい時期でもあります。

- ○○ちゃんは進んで給食当番になってくれました。
- 給食当番を通して、作業の手順、お友達への言葉かけなどいろいろな学びがあるようです。

給食当番への積極的な取り組み等、園でいつも進んでやってくれていること、またそこで吸収した学びについて書きましょう。

- 好き嫌いが多いためか、給食当番を積極的にやってくれません。
- 給食当番をしてもらっているのですが、やりかたがわからないようです。
- まだ好き嫌いを克服できていません。

好き嫌いが克服できていないことは保護者も重々承知しているはずです。上からの言い方ではなく、対等に、改善するためにどうすればよいかといったプラスのやり取りをしましょう。

連絡帳はこう書いてみよう！

　今日は嬉しいお知らせがあります。○○ちゃん、苦手な人参（甘く煮つけたものではありますが）を今日は食べてくれました。
　「頑張ったね」と声かけをすると「甘かった」と言いました。甘かったのでデザート感覚で食べられたのでしょうかね。
　○○ちゃんは進んで給食当番にも取り組んでくれているので給食の時間を通して、さらにたくさんのことを吸収していってもらいたいです。

5歳
友達との関わり方の様子

この年齢になると，自分の行動に理由づけして提案できるように。

書き方ポイント
子どもの様子のここに注目！

　この時期になると，幼児語を使わなくなります。自分の思っていることをほぼ自分の言葉で言い表すことができるようになってきます。また，理由を添えて提案できるようになってきます。友達同士で何かを決める際には，理由をあわせて主張できることが説得力をもつことになります。

　加えて，道徳的なものの見方もできるようになってきます。一方で他人を批判する態度になることにもなりかねないので，保育者は注意が必要です。具体的には，仲間が約束を守らなかったとき，子ども自身の道徳的な判断基準からはずれる行為ということから，相手を強く責めたりするようになります。

　また人の役に立つことが誇らしく感じる時期でもあります。大人の手伝いや年下の世話をするという経験から，自分に自信をもつことができるようになります。

- お友達と一緒にゲームのルールを確認していました。
- お店屋さんごっこでは，お友達と役割を分担して楽しそうに遊んでいましたよ。
- ○○ちゃんは，私とのお約束を一生懸命守ってくれました。

人との約束や決められたルールを守れるようになり，積極的に友達と関わりにいっていることを伝えましょう。

- お友達とゲームのルール確認の最中に，飽きてしまったのか勝手に遊びはじめました。
- お友達とお店屋さんごっこをはじめたのですが，お客さん役が嫌だったのか，売り手に勝手に代わり，お友達が困っていました。

友達とのやり取りで躓きが見られた場合は，それをどう改善していくのか，子どもの成長につながるようなやり取りを心がけましょう。

連絡帳はこう書いてみよう！

　今日はお友達と，ばなな鬼を楽しみました。
　遊びの最中に，「タッチしたのに動いた」などルールを無視した（理解していない？）お友達がいました。そこで○○ちゃんは，お友達と一緒にルールを再確認して解決しましたよ。みんな納得していました。
　○○ちゃんに「みんなをまとめてくれてありがとう」と伝えると，少し気恥ずかしそうにお友達の方へ走って行きました。

6歳

室内遊びの様子

この時期は，文字への関心が高いため，文字を使った遊びをすることによる学びは効果的です。

書き方ポイント

:子どもの様子のここに注目！:

5歳後半から6歳，小学生になるにかけては，覚えるのが楽しい時期になります。強い興味をもったものは簡単に覚えてしまいます。またこの時期は，文字に強く関心をもちます。記憶も発達する時期です。遊びのなかに文字や数に触れられる機会を増やすのがよいでしょう。

子どもたちの知的な興味を育むような保育内容を検討することが期待されます。例えば，役割を決めた劇遊びやごっこ遊びなどが効果的でしょう。その際，衣装に見立てるための布や小物，不要になった洋服や手提げ袋，雑貨，小道具製作のための木材など，子どもが想像力をふくらますことができるような環境を設定することが重要です。

手指を巧みに使うことができるようになってくるので，はさみやナイフといった道具の使用に加えて，編み物，コマ回し，泥団子づくり等，手先を使った作業が可能になります。人物画の表現が詳細になってくる時期でもあります。

- はさみをうまく使えるようになってきました。
- 布や小物を使ってかわいい衣装をつくってくれましたよ。
- 劇遊びでは，キャラクターになりきって演じています。

小道具製作などで子どものオリジナリティが出る取り組みをした際にはどういったものを，どんな様子でつくっていたのか，詳細に伝えるようにしましょう。

- もうすぐ小学生ですが，まだはさみをうまく使えないようです。
- 劇遊びの際，お友達から「この役をやって」と言われたとき，ぷいっとどこかに行ってしまいました。

「もうすぐ小学生なのに」は保護者にとってプレッシャーになる言葉です。小学生に向けて園も一緒に成長できるよう取り組んでいることを伝えましょう。

連絡帳はこう書いてみよう！

　○○ちゃん，今日は仲のいいお友達と劇遊びをして楽しんでいましたよ。二人で，役割を楽しそうに決めていました。お友達から「この役をやって」と言われたとき，○○ちゃんは別の役をやりたいと主張し，最初はまとまらなかったのですが，二人で折り合いをうまくつけたみたいです。

　○○ちゃんに「大人になったね」と聞くと，「もう6歳だから」と返ってきました。我慢する気持ちが芽生えてきたようです。

6歳

屋外遊びの様子

高度な全身運動ができ，複雑なルールが理解できる時期です。

書き方ポイント

:子どもの様子のここに注目！:

　この時期は，高度で複雑な全身運動ができるようになってきます。三輪車から自転車への挑戦がはじまってくるのもこの時期です。鉄棒では，逆上がりや前回りが，跳び箱も連続して跳ぶことができるようになってきます。重心の置き方や力の入れ方のコツをつかむ時期（バランス感覚ができてくる時期）なので，竹馬，ロープなどを使った遊びを導入するとよいでしょう

　6歳になると，4・5歳に比べ，より複雑なルールや協調性が必要な遊びをはじめます。子どもたちにルールを決めさせる，作戦を立てさせる，みんなが参加できるようなゲームにする，など保育者が指導するとよいでしょう。このような遊びのなかで，相手や自分の立場を考えることを学ぶようになります。

　この時期には仲間意識がはっきりしてくることもあり，その関係から仲間はずれが生じてきます。この時期の仲間はずれには複雑な要因が絡んでいることがあるので要注意です。

はなまるワード

- 跳び箱が連続して跳べるようになりました！
- 竹馬がとっても得意なようでクラスで一番速く歩くことができましたよ。
- 複雑なルールのゲームですがルールを理解して，楽しそうに遊んでいました。

跳び箱や竹馬など小学校にもつながる全身運動遊び。得意な子も苦手な子も，今どれくらいできるようになったのかと今後の目標などを伝え，前向きに取り組んでいることを伝えましょう。

 NGワード

- お友達はみんな跳び箱の連続跳びをしていましたが，○○ちゃんは苦手なのかできませんでした。
- お友達と一緒にゲームのルールを考えてもらったのですが，○○ちゃんは積極的に発言してくれませんでした。

「苦手なのかできませんでした」だけでなく，そのときの子どもの様子や，今後子どもの成長のためにどういった取り組みをしていくのかを伝えるようにしましょう。

連絡帳はこう書いてみよう！

　今日は，お友達と竹馬を使ったゲームのルールを一緒に考えました。○○ちゃんは，いろいろとおもしろいルールを考えてくれましたよ。他のお友達には難しかったみたいでしたが，みんながわかるように身ぶり手ぶりで教えていました。
　他のお友達もそのゲームをするのが楽しみと言っていましたよ。○○ちゃんに「すごいね」と伝えると，とても嬉しそうな様子でした。

6歳

行事の様子

行事の準備と行事を通して、社会性が身につきます。

書き方ポイント
子どもの様子のここに注目！

　6歳の行事は、①社会ルールの理解、②テーマを共有した製作、③物語のストーリーを演じることを意識したものがよいでしょう。

　例えば①は、遠足などを利用してバスや電車の乗り物マナー（車内では静かにする、走り回らない）や、お店でのマナー（大声を出さない、むやみに商品に手を出さない、レジに行ってお金を払う）などを学ぶことです。
　②は、行事のための製作をする際、子ども個々のイメージを仲間と共有することです。
　③は、行事のテーマからイメージをふくらませグループでアイデアを出し合うことです。物語のイメージを体の動きや言葉で積極的に表現できるように保育者は援助する必要があります。

　その際、子どもの主体性を重んじることが求められてきます。様々な園の行事のなかで、自主的に役割分担をしたり、自然に助けあったりできるような配慮がこの時期には求められます。

はなまるワード

- 物語のストーリーから体の動きをイメージするのが得意なようです。
- 行事について、いろんなアイデアを出してくれています。
- 遠足でのバス移動の際に、事前に学習していた乗り物マナーをしっかりと守れていました。

遠足での様子は保護者も気にかかるところ。乗り物マナーを守れていたかどうか、遠足先ではどんな学びがあったのか書くようにしましょう。

NGワード

- お友達と、劇の内容を考えているのですが、○○ちゃんは意見を言ってくれません。
- 遠足のバスのなかで、注意してもいつまでも騒いでいました。
- もう少し行事に積極的に関わってほしいです。

行事等で積極的になれる子、なれない子は、その子の個性で様々です。積極的ではなかったから悪く書くのではなく、その他の面でどんな取り組みをしてくれたのかを伝えましょう。

連絡帳はこう書いてみよう！

　先日はハロウィンのイベントをお手伝いしてくださり、本当にありがとうございました。保護者のみなさまのご協力をいただくと、子どもたちも元気いっぱい楽しんでくれます。
　○○ちゃんは、本当に準備段階でリーダーシップを発揮してくれました！　それから、製作活動にも積極的に関わってくれました。「頑張ったね、ありがとう」と声をかけると、嬉しそうに「もっと頑張れるよ！」と返してくれました。園内でのお姉さんという自覚が強く芽生えてきたようです。

6歳

給食の様子

小学校生活を見据えた給食のあり方を意識する時期です。

書き方ポイント
子どもの様子のここに注目！

　この時期は，小学校の給食を意識した活動を織り込むことが重要となってきます。例えば，給食当番で盛りつけの見本を見ながら量を調整したり，「どれくらい食べますか」とお友達に聞いて量の加減をしたり。
　また食事前に当番がメニュー表（ひらがな表記）を読み上げるなどの取り組みも可能になります。食事のマナーもこの時期に習得させておくことが期待されます。

　当番活動は，子どもたちの責任感を育みます。また小学校進学への準備にもなります。ということもあり，小学校の給食に備えて，いろいろな食材を食べられるようにしておくことも重要です。

　このような役割を子ども同士で話し合いながら進めていくことによって「協力」や「我慢」を学びます。

はなまるワード

- 「メニューを読み上げたいのでひらがなを上に書いてください」と自主的に当番活動に取り組んでくれています。
- 給食当番で，お友達に「もっといる？」「多すぎる？」などと，積極的にコミュニケーションをとっていましたよ。

給食の時間を通して，責任感や自己管理の力がついていることなど，保護者が安心できるような内容を伝えましょう。

NGワード

- やはり好き嫌いが多いですね。小学校にいったら困りますよ。
- 自分から進んで当番をしてくれません。
- この時期になっても食事マナーが身についていません。

マナーについて指摘するだけでは園として無責任な対応と感じられます。園での取り組みを踏まえたうえで，お家でもおこなってほしい取り組みなどを共有しましょう。

連絡帳はこう書いてみよう！

○○ちゃんは今回，進んで給食当番になってくれましたよ。
責任感が出てきたのか，「みんなにメニューを読み上げたいのでひらがなを上に書いてください」と言ってきてくれました。とてもすばらしいです。
小学校に進学することもあり，ご家庭でもいろいろお話（指導）をされているのでしょうね。リーダーシップに磨きがかかってきています。

6歳

友達との関わり方の様子

特定の友達ができる時期です。その関わりのなかで，社会性を育んでいくことになります。

書き方ポイント

▎子どもの様子のここに注目！▎

　この時期になると，約3000語の語彙数を有するようになってきます。話すときも，6語前後の言葉を並べて使えるようになります。友達と内緒話をすることを覚えるのもこの時期です。言葉の使い分けもできるようになってきます。場面，相手に合わせて言葉遣いを変えられるように指導する必要があります。

　この時期には，特定の友達ができはじめます。その友達と行動をともにすることが多くなってきます。そのなかで，友達の気持ちを理解しようとするようになります。

　また，お互いに自己主張をし合える深い関係になってきます。同時にケンカも増えます。ケンカを通して，お互いの主張を聞き合い，相手を受け入れ，意見を調整して折り合いをつけていくことができるようになってくるのです。

- ○○ちゃんは,リーダーシップを発揮するのが得意なので,役割分担を決めるときなどは助かっています。
- △△ちゃんと仲よく,とても楽しそうに遊んでいます。△△ちゃんをいつも引っ張ってくれているので,△△ちゃんは安心しているようですよ。

子どものなかでの交友関係が固まる時期になります。保護者の知らない子ども同士の付き合いについても連絡帳で共有できるとよいでしょう。

- グループ遊びのときに仲間はずれをされていました。主張が強いので,あまり言い過ぎないように注意しておきました。
- ○○ちゃんは,△△ちゃんと遊んでいるとき,自分のやりたいことを主張しすぎるようですね。お友達の意見を受け入れるのが嫌なようです。

友達付き合いのなかで問題がある場合は指摘するだけでなく,どうすれば解決できるのか,園と家庭とで協力できるよう導く内容にしましょう。

連絡帳はこう書いてみよう!

　○○ちゃんはリーダーシップがあるので園でもとても頼もしいです。今日は,劇遊びをしたのですが,まずみんなで役割分担を決めるとき,「△△ちゃんは〜だからこの役がいいよ」などと,お友達のよさも引き出しながら進めてくれました。

　小学校に上がっても,是非,このリーダーシップを発揮してほしいです。

引用・参考文献

- 井上健治・久保ゆかり著『子どもの社会的発達』東京大学出版会　1997年
- 金子龍太郎・吾田富士子監修『保育に役立つ！子どもの発達がわかる本』ナツメ社　2011年
- 金子智栄子監修『イラストでよくわかる　0～6歳児の発達と保育』成美堂出版　2013年
- 株式会社ナツメ社著『必ず役立つ！　保育の年中行事まるごとアイデア』ナツメ社　2017年
- 河原紀子監著『0歳～6歳　子どもの発達と保育の本』学研プラス　2018年
- 北野幸子編著『乳幼児の教育保育課程論』建帛社　2010年
- 北野幸子編著『保育課程論』北大路書房　2011年
- 木元有香著『幼稚園・保育所・認定こども園のための法律ガイド―42の相談事案から考える』フレーベル館　2018年
- 小西行郎著『知れば楽しいおもしろい赤ちゃん学的保育入門』フレーベル館　2006年
- 汐見稔幸著『汐見稔幸　こども・保育・人間』学研教育みらい　2018年
- 田中浩二著『写真で学ぶ！保育現場のリスクマネジメント』中央法規出版　2017年
- 谷川裕稔・真宮美奈子著『こんなときどうする？気になる子どもの見方・とらえ方』明治図書出版　2000年
- 谷川裕稔編著『保育者のための文章作成ワークブック』明治図書出版　2006年
- 谷川裕稔・富田喜代子・上岡義典編著『教育・保育実習ガイドブック―振り返りができるポートフォリオつき―』明治図書出版　2014年
- 竹下研三著『人間発達学―ヒトはどう育つか』中央法規　2009年
- 永野重史著『発達とはなにか』東京大学出版会　2001年
- 藤﨑眞知代・野田幸江・村田保太郎・中村美津子共著『保育のための発達心理学』新曜社，1998年
- 柳沢秋孝著『「生きる力」を育む幼児のための柳沢運動プログラム　基本編』オフィスエム，2002年
- 山口真美著『赤ちゃんは顔をよむ―視覚と心の発達学』紀伊国屋書店　2003年
- 山本秀人編著『0．1．2歳児　発達をおさえた運動あそび』学研教育みらい　2018年

【著者紹介】

谷川　裕稔（たにがわ　ひろとし）
神戸大学大学院文化学研究科　後期3年博士課程修了。
現在　四国大学短期大学部幼児教育保育科教授，博士（学術）。
専攻　大学教育学，保育者養成論。

＜主著＞
『こんなときどうする？気になる子どもの見方・とらえ方』（共著　明治図書出版　2000年），『これだけは知っておこう保育・教育実習BOOK』（共著　学事出版　2002年），『保育者のためのクリティカル・シンキング入門』（単著　明治図書出版　2003年），『保育者のための文章作成ワークブック』（共編著　明治図書出版　2006年），『教育・保育実習ガイドブック―振り返りができるポートフォリオつき―』（共編著　明治図書出版　2014年）

〔本文・表紙イラスト〕木村美穂

幼児教育サポートBOOKS
保育園・幼稚園ですぐ使える
保護者と心が通じる！連絡帳の書き方ポイント＆文例集

2019年2月初版第1刷刊 ©著　者	谷　　川　　裕　　稔	
発行者	藤　　原　　光　　政	
発行所	明治図書出版株式会社	
	http://www.meijitosho.co.jp	
	（企画・校正）中野真実	

〒114-0023　東京都北区滝野川7-46-1
振替00160-5-151318　　電話03(5907)6702
ご注文窓口　　電話03(5907)6668

＊検印省略　　　　組版所　株式会社木元省美堂

本書の無断コピーは，著作権・出版権にふれます。ご注意ください。

Printed in Japan　　　　　ISBN978-4-18-154018-0
もれなくクーポンがもらえる！読者アンケートはこちらから　→

好評発売中！

保育者のための 文章作成ワークブック

谷川　裕稔 編著

保育者が実務に欠かせない文章作成を学べる練習帳

保育者は「書く」という営みから逃れることはできない。連絡帳、園だより、保育記録、研修会参加のレポート等。日頃から文章の書き方を学んでおくことが大切だ。本書は、実践的に「文章作成」を学べる練習帳であり、保育者の「書くこと」の意識向上を図る。

- 本体　2,000円+税
- 図書番号 9626
- B5判・132ページ

教育・保育実習 ガイドブック

振り返りができるポートフォリオつき

谷川　裕稔・富田　喜代子・上岡　義典 編著

保育実習の要点をピタリと押さえる！書き込み式ワーク

教育・保育実習前にこれだけは押さえておきたい！というポイントをミニワーク形式でコンパクトにまとめました。簡単な説明を読みながらワークに書き込むだけで、実習で必要な技術や知識がしっかり身につきます。この1冊があれば自信を持って実習ができる内容満載です！

- 本体　1,860円+税
- 図書番号 1720
- B5判・128ページ

保育園・幼稚園de ボディパーカッション ＆リズム遊び

みんなで楽しくうたって動いてリズム感アップ

山田　俊之 著

手拍子と足ぶみですべての子どもがノリノリに！

楽器ゼロでも歌が苦手でも楽譜NGでもOK！手拍子や足ぶみで楽しく遊ぶ中で、自然とリズム感を育むことができます。日々の保育で使えるリズム遊びから、定番曲に合わせたボディパーカッションまで、幼児がノリノリになる活動が満載！行事や発表会にもおすすめです。

- 本体　2,160円+税
- 図書番号 7878
- B5判・104ページ

明治図書　携帯・スマートフォンからは **明治図書ONLINE** へ　書籍の検索、注文ができます。

http://www.meijitosho.co.jp　※併記4桁の図書番号（英数字）でHP、携帯での検索・注文が簡単に行えます。

〒114-0023　東京都北区滝野川7-46-1　ご注文窓口　TEL 03-5907-6668　FAX 050-3156-2790

＊価格は全て本体価表示です。